Quadrante Laterza
150

Prima edizione 2009

Francesco Germinario

Fascismo e antisemitismo

Progetto razziale e ideologia totalitaria

Editori Laterza

Finito di stampare nel settembre 2009
SEDIT - Bari (Italy)
per conto della
Gius. Laterza & Figli Spa
ISBN 978-88-420-9120-2

Nessuno può valutare
senza svalutare, rivalutare
e valorizzare.

Carl Schmitt
La tirannia dei valori

Introduzione

Osservando l'attuale dibattito storiografico sul fascismo non è difficile rinvenire due linee di tendenza.

La prima è quella che lo storico attualmente più avvertito del fenomeno fascista, Emilio Gentile, ha definito quale «defascistizzazione del fascismo», intendendo con questa il tentativo di «togliere al fascismo gli attributi che gli furono propri e che ne caratterizzarono l'individualità storica»[1]. L'obiettivo di questa tendenza consiste nel dare vita a una «rappresentazione alquanto indulgente, se non proprio benevola, dell'esperienza fascista: una vicenda più comica che tragica, una sorta di istrionica farsa di simulazione collettiva, recitata per venti anni dagli Italiani»[2]. Com'è noto, questa rappresentazione ha riscontrato una rapida quanto diffusa traduzione nel dibattito politico italiano, con i conseguenti e inevitabili riflessi nella percezione pubblica del fenomeno fascista.

Il secondo aspetto è stato il lievitare progressivo, specie nell'ultimo ventennio, di una larga messe di studi e ricerche, ormai sempre più difficile da padroneggiare, concernenti l'antisemitismo fascista[3].

[1] E. Gentile, *Fascismo. Storia e interpretazione*, Laterza, Roma-Bari 2002, p. VIII.
[2] *Ibid.*
[3] Una bibliografia degli studi italiani sull'antisemitismo fascista è quella curata da F. Cavarocchi, A. Minerbi, *Bibliografia*, in E. Collotti (a cura di), *Razza e fascismo. La persecuzione contro gli ebrei in Toscana (1938-1943)*, vol. 2, *Documenti*, Carocci, Roma 1999, pp. 176-99, nonché in A.-M. Matard-Bonucci, *L'Italia fascista e la persecuzione degli ebrei*, ed. or. 2007, trad. it., Il Mulino, Bologna 2008, pp. 481-500.

Non v'è dubbio che questa bibliografia abbia colmato un evidente vuoto di conoscenza, che si trascinava dalla pubblicazione del pionieristico lavoro di Renzo De Felice nel 1961, a lungo quasi unico titolo dedicato alle vicende dell'antisemitismo in epoca fascista, fino alla pubblicazione del lavoro dello storico israeliano Meir Michaelis[4]. Il merito maggiore di questa ventennale stagione di studi è consistito nel ricondurre la vicenda dell'ebraismo italiano a quella più generale del dramma dell'ebraismo europeo nel corso della seconda guerra mondiale, collocando il fascismo quanto meno in prossimità del cono d'ombra proiettato da Auschwitz.

La defascistizzazione del fascismo e la storiografia sull'antisemitismo fascista costituiscono due atteggiamenti storiografici antitetici, non foss'altro perché il secondo sottolinea quella dimensione drammatica del regime fascista, che il primo è indotto a sottovalutare o a negligere: piuttosto che «benevol[o]», per riprendere ancora una volta Gentile, almeno per una parte di italiani, la componente ebraica, il fascismo costituì la premessa storica della deportazione e dello sterminio degli ebrei italiani realizzatosi a partire dal 1943.

Senza alcuna presunzione, va detto che chi scrive presume di essersi riconosciuto e immedesimato in questa nuova stagione di studi, cercando di valorizzarne le sollecitazioni nel percorrere strade di ricerca mai o poco battute in precedenza e gustando un clima di irriverente autonomia nei confronti di ben più accreditate scuole e posizioni storiografiche, man mano che si venivano rischiarando gli incroci mai illuminati della storia del razzismo in Italia[5]. La storia italiana dell'ultimo quindicennio ha poi alimentato questa stagione di studi: l'emergere prima e il consolidarsi dopo di movimenti politici razzisti e xenofobi (ma che, quando se ne presentava l'occasione, tradivano anche posizioni nient'affatto lontane da un sottile antisemitismo) hanno fatto da stimolo a un lavoro di ricerca impegnato a rin-

[4] R. De Felice, *Storia degli ebrei italiani sotto il fascismo*, Einaudi, Torino 1961, ma cit. dalla nuova ed. ampliata, 1993; M. Michaelis, *Mussolini e la questione ebraica. Le relazioni italo-tedesche e la politica razziale in Italia*, ed. or. 1978, trad. it., Comunità, Milano 1982.

[5] Vedi, ad esempio, i numerosi contributi pubblicati in A. Burgio (a cura di), *Nel nome della razza. Il razzismo nella storia d'Italia (1870-1945)*, Atti del convegno «Nel nome della razza. Il razzismo nella storia d'Italia (1870-1945)», Bologna 13-15 novembre 1997, Il Mulino, Bologna 1999.

tracciare gli antecedenti culturali di quei movimenti e a considerare altri momenti della storia d'Italia contrassegnati dal razzismo. Crediamo che il riconoscere questo intreccio fra impegno di studio e sollecitazioni provenienti dall'attualità non diminuisca la dignità storiografica dei risultati conseguiti, non foss'altro perché è risaputo che ogni storia è storia contemporanea.

E tuttavia qualche interrogativo è lecito avanzarlo. Intanto, crediamo ci si debba domandare se questa feconda stagione di studi sull'antisemitismo fascista, peraltro ancora lontana dall'essersi conclusa – ancorché animata dalla fertile coniugazione fra il rigore della ricerca storica e una passione civile tesa a distruggere il mito ipocrita e autoconsolatorio di un'immunità politica e culturale degli italiani rispetto alle ideologie dell'odio –, a suo modo, e del tutto inconsapevolmente, non abbia alimentato la già ricordata tendenza alla defascistizzazione, sia pure a una defascistizzazione del tutto differente rispetto al concetto suggerito da Gentile. L'impressione è che essa abbia prodotto – almeno sul piano della ricaduta pubblica – una riduzione della complessa storia del fascismo al 1938, l'anno dell'introduzione delle leggi razziali, quasi che fino ad allora il fascismo non fosse stato tale, costituendo, la scelta politica e culturale operata in quell'anno, il condensato del regime fascista. In altri termini, il rischio è quello di identificare antisemitismo e fascismo, con la conseguenza se non di defascistizzare, comunque di sottovalutare ciò che era stato il fascismo negli anni precedenti il 1938.

Infine, è da domandarsi se questa nuova stagione di studi non intrattenga qualche rapporto col panorama storico-politico e culturale della «crisi dell'antifascismo»[6], nel senso che intende richiamare un'immagine dell'ideologia e del regime fascisti entrambi contrassegnati dal razzismo e dall'antisemitismo. A fronte dei tentativi di ricostruire la memoria del fascismo quale regime politico lontano dalle aberrazioni del nazismo, e a fronte della varia *vulgata* della defascistizzazione, si è replicato, insomma, sottolineando l'aspetto più brutale del fascismo.

Se così fosse, se ne dovrebbe dedurre che i momenti di brutalità e di violenza che avevano in precedenza scandito la vicenda storica del fascismo, dalla fase dello squadrismo alla scelta mussoliniana di ricorrere all'uso dei gas nella guerra d'Etiopia, rischiano di passare

[6] S. Luzzatto, *La crisi dell'antifascismo*, Einaudi, Torino 2004.

in subordine in un'ipotetica quanto orribile classifica della violenza applicata alla politica.

Negli studi storici talvolta le comparazioni all'interno di uno stesso regime politico si rivelano un esercizio intellettuale produttivo di conoscenza. Ma almeno nel caso specifico, questo atteggiamento rischia di rivelarsi inutile oltre che ripugnante; e non tanto perché confermano il ben noto giudizio hegeliano sulla storia quale mattatoio dell'umanità, bensì perché non sempre riescono a individuare i fili rossi e i rapporti lontani. Nella fattispecie, ciò di cui questa classifica non potrebbe rendere conto consiste nel fatto che se la legislazione del 1938 e l'antisemitismo fascista contribuirono a coinvolgere l'ebraismo italiano nella *Shoah*, tanto che è ben difficile scartare il fondato sospetto che le ombre di Birkenau non si proiettino anche nei dintorni delle adunate oceaniche a Piazza Venezia, ebbene, lo stesso 1938 è stato storicamente possibile perché in precedenza c'erano stati il 1921-22 (l'epoca d'oro dello squadrismo) e il 1935-36 (il periodo dell'aggressione all'Etiopia) ecc.: cioè a dire una dimestichezza del fascismo con la violenza e, più in generale, con la sua connaturata predisposizione a violare i diritti dei terzi e di tutti coloro che man mano inscriveva nella sua agenda politica alla voce «nemico».

Per essere espliciti, l'impressione fornita da una parte consistente della bibliografia sull'antisemitismo fascista è stata quella di proporre una visione destoricizzata dell'antisemitismo fascista medesimo, espungendolo dal panorama storico-politico generale, scandito dal deciso impulso al totalitarismo che caratterizza il fascismo nella seconda metà degli anni Trenta, ed evitando di mettere a fuoco le modifiche del *corpus* ideologico fascista che l'antisemitismo comportava[7]. Crediamo che, per un verso, il giudizio etico-politico sul fascismo non necessita del 1938 per una sua formulazione complessiva: per riprendere Marx, ancora una volta è l'anatomia dell'uomo che spiega quella della scimmia. Per l'altro verso, la formulazione di un giudizio storiografico sul fascismo necessita di soppesare in tutti i suoi aspetti anche il 1938, individuando i momenti di frattura che l'antisemitismo introdusse nel dispositivo ideologico fascista, ma anche gli elementi di continuità in cui quella scelta si collocava.

[7] Su questo, vedi le considerazioni di G. Belardelli, *L'antisemitismo nell'ideologia fascista*, in R. Chiarini (a cura di), *L'intellettuale antisemita*, Atti del convegno di Salò, 21-23 settembre 2006, Marsilio, Venezia 2008, pp. 3-14.

Nella fattispecie, crediamo che la destoricizzazione sia consistita nella scissione fra la svolta antisemita del 1938 e l'impulso al totalitarismo, che esprimeva l'adozione da parte del fascismo di una politica antisemita. La proiezione dell'antisemitismo fascista verso una posizione da cui fosse possibile scorgere Auschwitz e il devastante progetto nazista della *Shoah* ha eliso il problema storiografico decisivo del modo con cui l'antisemitismo del regime fascista s'inseriva nel progetto totalitario e di costruzione dell'«uomo nuovo». Insomma, almeno nel caso italiano, il rischio in cui pare essere precipitato quest'approccio storiografico è che la riconduzione necessaria dell'antisemitismo fascista alle vicende della *Shoah* ha evaso la questione della specificità dell'antisemitismo fascista, ovvero del ruolo che esso era chiamato a svolgere nel generale e complessivo impulso al totalitarismo che caratterizzò il regime fascista nella seconda metà degli anni Trenta.

A ben guardare, si è riprodotto in alcuni settori della storiografia italiana impegnata nello studio dell'antisemitismo fascista quel rapporto molto stretto fra antisemitismo e campi di sterminio, che caratterizza notoriamente l'analisi arendtiana del totalitarismo[8].

Alcune delle ipotesi che sorreggono la nostra analisi storiografica sono, invece, che l'antisemitismo non necessita di varcare i cancelli di Birkenau per rivelarsi totalitario; e che il fascismo, pur non pervenendo direttamente allo scempio di Birkenau, riuscì comunque a utilizzare tutte le importanti risorse totalitarie che gli offriva l'adozione di una politica antisemita, ovvero a cogliere tutte le implicazioni totalitarie innervate nell'universo ideologico antisemita. Ridurre l'antisemitismo alle rampe di selezione di Birkenau sembrerebbe il percorso migliore per osservare il nesso stretto fra antisemitismo e totalitarismo; al contrario, il nostro sospetto è che quest'angolo di osservazione riduca paradossalmente la capacità di valutare fino in fondo proprio quel nesso stretto.

Prima di verificare, insomma, come anche l'antisemitismo fascista intrattenga rapporti con Birkenau, è da sollecitare una direzione d'analisi che indaghi come l'antisemitismo s'inserisca nel sistema ideologico fascista, quali modifiche provochi in quest'ultimo e come venga utilizzato nel rafforzamento del sistema totalitario promosso

[8] H. Arendt, *Le origini del totalitarismo*, ed. or. 1951, trad. it., Comunità, Milano 1967, ma cit. dall'ed. Comunità, Torino 1999, in partic. pp. 599 sgg.

dal fascismo. Si tratta di questioni tutt'altro che periferiche per valutare sia l'impatto dell'antisemitismo nel sistema ideologico fascista, sia il rapporto che esso intrattiene col totalitarismo. Del resto, come si vedrà, ad alcuni teorici dell'antisemitismo fascista non sfuggì certamente il rapporto stretto che intercorreva fra la scelta dell'antisemitismo e il totalitarismo.

A nostro avviso, risulta fondamentale rispondere proprio alle domande che la più recente ricerca storica sul razzismo e sull'antisemitismo italiani ha sedimentato nel suo tragitto tutt'altro che concluso: quale ruolo specifico è chiamato a svolgere l'antisemitismo nel regime fascista, oltre a quello di procedere alla rapida deemancipazione degli ebrei italiani? Esiste, in generale, un rapporto fra l'immaginario antisemita e il totalitarismo fascista teso a fondare l'«uomo nuovo»? Se questo rapporto esiste, e anzi è ben solido, è il fascismo a rendere totalitario l'antisemitismo, oppure è quest'ultimo a integrarsi nel totalitarismo fascista, agendo da potente motore propulsivo della tendenza allo sviluppo del sistema totalitario?

Infine, le domande che riteniamo fondamentali, e attorno alle quali ruota il nostro lavoro: accertato che razzismo e antisemitismo costituiscono il «punto d'approdo dell'ideologia fascista»[9], con l'adozione di una politica antisemita da parte del regime, si verificano delle modifiche nel sistema ideologico fascista? Quale rapporto intercorre fra il progetto fascista di nazionalizzazione totalitaria delle masse, ossia di una loro fascistizzazione integrale, elaborato già negli anni precedenti il 1938, e l'adozione della cultura politica antisemita? In che senso l'introduzione dell'antisemitismo comporta uno scarto decisivo nel paradigma fascista di nazionalizzazione totalitaria delle masse: uno scarto decisivo necessario da analizzare in termini di teoria politica, oltre che sotto l'aspetto storiografico? E in che senso l'antisemitismo influisce sull'ideologia fascista, al punto da suggerire l'idea che esso, piuttosto che un elemento ideologico aggiunto – se non preesistente già agli inizi del movimento fascista, come sostenuto dai propagandisti del regime –, si declini addirittura come un elemento caratterizzante dello scarto di ideologia che si realizza appunto dal 1938?

[9] Così A. Ventura, *La svolta antiebraica nella storia del fascismo italiano*, in «Rivista Storica Italiana», 2001, I, p. 48.

In ambito storiografico si è naturalmente già parlato di una «germanizzazione del fascismo» e della necessità di «imprimere un'accelerazione al processo di totalitarizzazione del regime, adeguandolo al modello tedesco»[10].

In questa sede ci limiteremo a valorizzare tali posizioni storiografiche, legandole soprattutto agli ultimi interrogativi che abbiamo posto. Insomma, riconosciuto che il fascismo non nasce come un movimento politico antisemita, si tratta di individuare le modifiche che nel 1938 l'antisemitismo introduce sia nel sistema ideologico fascista che nel più complessivo progetto di nazionalizzazione totalitaria delle masse di cui il regime fascista era stato fautore fin dalle origini del movimento politico. Per dirla con Foucault, «la localizzazione di una discontinuità non è mai altro che la constatazione di un problema da risolvere»[11]. Ammettere, in sede di dibattito storiografico, che il 1938 costituisce la maturazione di una preesistente strategia politica antisemita del regime fascista, implica la sottovalutazione della portata dirompente e dello scarto di paradigma che si verificano nel fascismo, almeno a livello ideologico; di più: implica la sottovalutazione dell'antisemitismo, ossia degli effetti che questo provoca in ambiente politico totalitario.

L'ipotesi storiografica che guida un po' tutta la nostra ricognizione è che il fascismo abbia fatto ricorso all'antisemitismo quale potente motore aggiunto del processo di costruzione del sistema totalitario; e che, di conseguenza, l'introduzione dell'antisemitismo comporti alcune importanti modifiche nel precedente *corpus* ideologico fascista, a cominciare dal concetto di «nazione» – un concetto attorno a cui ruotava gran parte dell'ideologia del fascismo –, tanto da riformulare quel sistema ideologico medesimo in una chiave esplicitamente antisemita. In conclusione, il vento gelido dell'antisemitismo non lascia immune il sistema ideologico fascista, costringendolo invece a rivedere paradigmi teorici e definizioni concettuali, in un rapporto, ideologico prima che politico, sempre più stretto con il nazismo.

[10] Entrambe le citazioni in A. De Bernardi, *Una dittatura moderna. Il fascismo come problema storico*, Bruno Mondadori, Milano 2001, rispettivamente, pp. 270, 271.

[11] M. Foucault, *Perché la prigione? Quattro risposte di Michel Foucault*, ed. or. 1978, ma cit. da Id., *Poteri e strategie. L'assoggettamento dei corpi e l'elemento sfuggente*, a cura di P. Dalla Vigna, Mimesis, Milano 2005 (I ed. 1994), p. 72.

Ringraziamenti

L'occasione per la stesura di questo saggio è scaturita dalla richiesta di un mio contributo sull'antisemitismo fascista per un'opera collettanea sulla *Shoah*. Mentre venivo scrivendo quel contributo avevo avvertito l'immediata sensazione che fosse troppo esteso per figurare in un'opera a più voci e che i nodi di natura storiografica e teorico-politica sollevati necessitavano di un approfondimento. Di conseguenza, ho deciso di affrontare di petto questi nodi, rimandando la stesura del lavoro richiestomi per l'opera collettanea. I curatori di quell'opera mi scuseranno se li faccio attendere.

Tuttavia, sono soprattutto le cause remote ad avere svolto un ruolo determinante. Esse risiedono nel confronto tra gli studi di Renzo De Felice, George L. Mosse ed Emilio Gentile e il lavoro di ricerca, condotto in questi ultimi anni, sull'immaginario antisemita, concretizzatosi in saggi su riviste scientifiche, in atti di convegni, in relazioni a seminari e in alcuni volumi, il primo dei quali attende di uscire. Secondo la testimonianza della moglie di Hans Jonas, Lore, Gershom Scholem amava dire che «pensare autonomamente fa ingrassare». In questo caso si potrebbe aggiungere che pensare autonomamente conduce spesso a conclusioni cui non si pensava di pervenire. Infatti, proprio lavorando sull'immaginario dell'antisemitismo «classico» – per intenderci: quello sviluppatosi nella Francia dell'*Affaire Dreyfus* –, avevo man mano maturato il sospetto che fosse necessario rimettere in discussione molti giudizi che mi ero formato sull'antisemitismo in generale, e su quello fascista in particolare. E allora ho realizzato che la miglior soluzione fosse quella di rivedere se stessi. Infatti, a che vale ripetere (e ripetersi) che il lavoro storiografico è una continua revisione, se poi non si è disposti a rivedere anche i propri giudizi?

Come al solito, Pier Paolo Poggio, direttore scientifico della Fondazione «Luigi Micheletti», ha letto una prima versione del saggio. E come sempre ci succede, siamo stati d'accordo su qualche giudizio e in disaccordo su altri, a cominciare da quello sull'opera di due giganti della storiografia del secolo scorso, come De Felice e Mosse. Anche il lettore meno smaliziato non tarderà a intuire che, per quanto mi riguarda, preferisco il primo al secondo, del quale non mi convincono alcune posizioni storiografiche. Ma, su quest'ultimo argomento, mi trovo nella condizione di abusare della pazienza del lettore, rimandandolo a una sede futura. Pasqua è stata la mia seconda lettrice; e, anche in quest'occasione, la sua acutezza di giudizio su uomini e teorie per me è stata decisiva. Il terzo lettore «preventivo» è stato Emilio Gentile. La sua è stata una lettura scrupolosa e attenta, concretizzatasi in qualche convergenza e in alcune critiche e precisazioni. Lo ringrazio per la disponibilità dimostratami; essa è stata particolarmente preziosa, sia perché proveniente da quello che, a mio avviso, è da considerarsi il più attento studioso dell'ideologia fascista, sia perché si è trattato di una disponibilità non provocata, come in genere succede, da un pregresso rapporto personale. All'editore un ringraziamento tutt'altro che d'obbligo, per essersi dichiarato subito disponibile alla pubblicazione.

Il lavoro è dedicato alla memoria di Alfredo Salsano, che per primo, malgrado le mie esitazioni, mi aveva invitato a lavorare su questi temi, e di Valentino Gaspari, mite e curioso studente-lavoratore, morto per un incidente sul lavoro alcuni giorni dopo aver conseguito la maturità di geometra, e ad Agostino D., Alberto D., Fabio Z., Gabriele A., Gianni T., Glauco B., Ivan S., Marco G., Max B., Nicola S., Osvaldo A., Roberto Z., Stefano C., Tode I., ai quali spero di aver trasmesso la necessità di porsi domande piuttosto che di dare risposte, di cercare piuttosto che di trovare, di camminare piuttosto che di giungere.

Fascismo e antisemitismo

Progetto razziale e ideologia totalitaria

1
L'antisemitizzazione del razzismo

Nel campo della ricerca storica è pressoché unanime la convinzione che a concorrere alla legislazione razziale introdotta dal fascismo a muovere dalla fine dell'estate del 1938 furono, per un verso, la politica popolazionista e igienista avviata dal regime negli anni precedenti; per l'altro, la necessità, all'indomani della conquista dell'Etiopia, di regolarizzare i rapporti fra gli italiani stabilitisi nelle colonie e le popolazioni indigene[1]. Questo quadro in cui la legislazione italiana s'inscriveva, prima che essere ricostruito dalla storiografia, era stato riconosciuto dallo stesso regime fascista.

Nell'enorme pubblicistica sull'argomento è appena il caso di richiamare quanto scrivevano due teorici di secondo piano del razzismo fascista, quali Ugo D'Andrea e Vincenzo Mazzei, e un gerarca di notevole peso politico come Attilio Teruzzi. Per il primo, la questione del razzismo nell'Italia fascista «si pone a un dato momento del

[1] Nell'ormai consistente bibliografia sull'argomento, vedi, fra i contributi più recenti almeno E. Collotti, *Il fascismo e gli ebrei. Le leggi razziali in Italia*, Laterza, Roma-Bari 2005, pp. 22 sgg.; A.-M. Matard-Bonucci, *L'Italia fascista e la persecuzione degli ebrei*, ed. or. 2007, trad. it., Il Mulino, Bologna 2008, pp. 62 sgg.; F. Cassata, *«La Difesa della razza». Politica, ideologia e immagine del razzismo fascista*, Einaudi, Torino 2008, pp. 21 sgg. Rimangono comunque ancora imprescindibili R. De Felice, *Storia degli ebrei italiani sotto il fascismo*, Einaudi, Torino 1961, ma cit. dalla nuova ed. ampliata, 1993; M. Michaelis, *Mussolini e la questione ebraica. Le relazioni italo-tedesche e la politica razziale in Italia*, ed. or. 1978, trad. it., Comunità, Milano 1982.

processo rivoluzionario come problema politico del risorgente impero», perché era necessario che il fascismo fosse guidato da «una chiara politica razziale verso le popolazioni di colore soggette e bisogna prendere posizione in Europa verso gli ebrei»[2]. Quanto a Mazzei, un giurista molto vicino al teorico del corporativismo Sergio Panunzio[3], nonché agli esponenti della corrente del «nazional-razzismo», «la creazione dell'Impero, per cui gli italiani sono venuti a contatto con gente di altre razze, ha imposto la tutela della razza italiana, come condizione della nostra superiorità colonizzatrice [...] La difesa è venuta appena si è manifestata in proporzioni rilevanti la minaccia all'unità della razza»[4]. Simile era, infine, la posizione di Teruzzi, quando osservava che «la politica razzista del Regime non è improvvisamente fiorita nel 1938, ma trova più lontane e profonde radici proprio nel sorgere dei problemi che la conquista dell'Impero ha posto»[5].

La descrizione del clima politico-culturale in cui maturarono le leggi razziali rischia comunque di diluire la specificità dell'antisemitismo del regime fascista. In altri termini, non solo in sede di dibattito teorico-politico è da tenere ben ferma la distinzione fra il razzismo e l'universo ideologico dell'antisemitismo; ma, in sede di ricostruzione storiografica, il periodo che si apre con la legislazione del 1938 non sempre risponde al quadro complessivo dei problemi politici posti dall'allargamento delle colonie[6]. Almeno in riferimento al nodo di

[2] U. D'Andrea, *Gli ebrei e la nazione*, in AA.VV., *Politica fascista della razza*, Istituto Nazionale di Cultura Fascista, Roma 1939, p. 97.

[3] Nel 1939-40 Mazzei figurava quale assistente della cattedra di Dottrina dello Stato, di cui era titolare Sergio Panunzio, e del quale aveva anche curato gli *Appunti di dottrina dello Stato (metodologia, sistematica, storia)*, DUSA, Roma 1939-40.

[4] V. Mazzei, *Razza e Nazione*, Edizioni Italiane, Roma 1942, p. 64. Ma, a titolo di puro esempio, vedi quanto scrivono T. Interlandi, *Contra Judaeos*, Tumminelli & C., Roma 1938, pp. 9-11, 16-17; G. Maggiore, *Razza e fascismo*, Libreria Agape, Palermo 1939, pp. 160, 191; G. Acerbo, *I fondamenti della dottrina fascista della razza*, Ministero della Cultura Popolare-Ufficio Studi e Propaganda sulla Razza, Roma s.d. [1940], p. 11; L. Cipriani, *Fascismo razzista*, Tumminelli & C., Roma 1940, p. 9.

[5] A. Teruzzi, *Realtà costruttiva dell'Impero*, in «Annali dell'Africa Italiana», vol. III, 3, Mondadori, Milano 1939, p. 70.

[6] Sul razzismo coloniale, almeno in riferimento al caso italiano, vedi per tutti A. Del Boca, *Le leggi razziali nell'impero di Mussolini*, in A. Del Boca, M. Legnani, M.G. Rossi (a cura di), *Il regime fascista. Storia e storiografia*, Atti del convegno «Il regime fascista italiano. Bilancio e prospettive di studio», Bologna, 24-26 novembre 1993, Laterza, Roma-Bari 1995, pp. 329-51; N. Labanca, *Il razzismo coloniale italiano*, in A. Burgio (a cura di), *Nel nome della razza. Il razzismo nella storia d'I-*

problemi politici che caratterizza il regime fascista nella seconda metà degli anni Trenta, crediamo che non sia la scelta del razzismo coloniale a spiegare l'antisemitismo, ritagliandosi, quest'ultima strategia politica, una propria autonomia e una logica politica del tutto differente da quella di una legislazione razziale per le popolazioni delle colonie. Anche se si riferiva al razzismo tedesco, era stato Leone Franzì, uno dei portavoce delle posizioni del razzismo nazista in Italia, a rilevare che era «più logico pensare che sia stato l'antisemitismo a facilitare la strada al razzismo, che non questo al primo»[7].

L'identificazione fra il razzismo e l'antisemitismo pone un problema storiografico ineludibile. Se l'antisemitismo è il razzismo applicato all'ebreo, dove situare allora la linea di demarcazione fra il liberalismo delle potenze europee, che il razzismo lo praticarono nelle colonie – per non dire del razzismo anti-nero e anti-pellerossa degli Stati Uniti dell'Ottocento –, e l'antisemitismo proiettato ai primi posti della loro agenda politica dal nazismo e dal fascismo? Una lettura dell'antisemitismo quale proiezione sul suolo europeo del razzismo praticato in precedenza nelle colonie non comporta il rischio di smarrire proprio la specificità storico-politica dell'antisemitismo medesimo?

È appena il caso di osservare che razzismo e antisemitismo intrattengono diversi rapporti teorico-politici, a cominciare da stereotipi spesso identici, naturalmente declinati contro obiettivi diversi[8]. Si deve comunque rilevare che l'antisemitismo, sia pure sotto la forma dell'antigiudaismo e della polemica teologica, aveva anticipato di diversi secoli il razzismo, tanto che parecchi stereotipi antisemiti sono rintracciabili nel razzismo, il quale aveva provveduto a rielaborarli, a cominciare dal procedimento di animalizzazione: mentre l'antisemitismo aveva animalizzato l'ebreo, espellendolo dal genere umano, il razzismo aveva provveduto ad animalizzare le popolazioni di colore.

talia (1870-1945), Atti del convegno «Nel nome della razza. Il razzismo nella storia d'Italia (1870-1945)», Bologna, 13-15 novembre 1997, Il Mulino, Bologna 1999, pp. 145-63 e la bibliografia ivi citata (in partic. pp. 156 sgg.).

[7] L. Franzì, *Fase attuale del razzismo tedesco*, Istituto Nazionale di Cultura Fascista, Roma 1939, p. 30.

[8] Per un approfondimento dei rapporti teorico-politici fra razzismo e antisemitismo, e delle loro differenze anche per quanto concerne la loro visione del mondo, vedi F. Germinario, *Razzismo e antisemitismo: similitudini e differenze*, in «Teoria politica», 2008, 3, pp. 133-49.

D'altro canto, non sono pochi i casi di autori antisemiti in cui sono presenti posizioni razziste, ovvero un intreccio stretto fra posizioni razziste e un dichiarato antisemitismo. A titolo d'esempio, nel Céline delle *Bagatelle per un massacro* troviamo l'immagine dell'ebreo che tradisce «nervi africani», essendo il semita «negro in realtà»[9].

Il razzismo verso l'esterno, spesso praticato dalle potenze liberali coloniali nel corso dell'Ottocento, non aveva implicato necessariamente l'antisemitismo all'interno, anche se è vero il contrario nel caso del fascismo e del nazismo. Proprio sul tema del rapporto fra il razzismo e l'antisemitismo è spesso passato inosservato che nella tradizione culturale antisemita si erano persino verificati casi di teorici, in genere appartenenti all'area drumontiana vagamente «socialista» e protestataria, indifferenti, se non addirittura ostili al colonialismo, interpretato come un'articolazione del piano ebraico di conquista del mondo[10].

Almeno sul piano teorico-politico, un'identificazione fra il razzismo e l'antisemitismo rischia di far calare la notte in cui tutte le vacche sono nere, non cogliendo, quale conseguente paradosso, proprio la specificità dell'antisemitismo, a cominciare dalla sua *vocazione totalitaria*. Una rilettura comparativa fra il razzismo e l'antisemitismo, volta a presentare quest'ultimo quale traduzione in Occidente di un razzismo in precedenza elaborato nell'Occidente medesimo per motivare l'espansione coloniale nei paesi extraeuropei, comporta l'inevitabile rischio teorico-politico di eludere le specificità del totalitarismo, annullando proprio i rapporti che quest'ultimo intrattiene con l'antisemitismo[11]. In altri termini, mentre il razzismo ha storicamen-

[9] Entrambe le citazioni in L.-F. Céline, *Bagatelle per un massacro*, ed. or. 1937, trad. it., Guanda, Milano 1982, rispettivamente pp. 175, 171.

[10] Vedi, ad esempio, quanto scrivono U. Gohier, *Comme les Hindous*, in «La Libre Parole», 9 mars 1909 (il brano è riprodotto anche in Id., *Le Réveil. Garder une Patrie Refaire un Peuple*, Editions de l'Œuvre, Paris 1911, p. 65, ma vedi anche quanto scrive a p. 119); e Théo-Doedalus, *L'Angleterre juive. Israël chez John Bull*, V.ve Ferdinand Larcier/Fontemoing & Cie, Bruxelles-Paris 1913, pp. 305-306.

[11] Almeno per limitarci al dibattito storiografico italiano negli ultimi anni, lo studioso che con maggiore insistenza rileva la presenza di un consistente e consolidato filone razzista nel pensiero liberale, presentando appunto l'antisemitismo come una traduzione del razzismo coloniale anti-nero, è Domenico Losurdo, del quale vedi almeno, *Democrazia o bonapartismo. Trionfo e decadenza del suffragio universale*, Bollati Boringhieri, Torino 1993; *Controstoria del liberalismo*, Laterza, Roma-Bari 2005; da ultimo, *Il linguaggio dell'impero. Lessico dell'ideologia americana*, Laterza, Roma-Bari 2007. Diversi spunti in tal senso anche in Id., *Il revisionismo storico. Problemi e miti*, Laterza, Roma-Bari 1996.

te intrattenuto rapporti molto stretti col liberalismo, l'antisemitismo si è collocato su un altro versante, ponendosi fin dalle sue origini teoriche, nell'opera di autori come Toussenel e Drumont, come un universo ideologico insofferente ed estraneo alla società liberale. Una stretta identificazione fra razzismo e antisemitismo rischia di far evaporare la specificità totalitaria di quest'ultimo, eliminando il motivo per cui le sue condizioni storiche di realizzazione dipendono dall'ambiente politico totalitario.

Ciò che s'intende rilevare è che la scelta del 1938, se per molti aspetti è certamente da inquadrare in una razzizzazione di stampo colonialista già in atto da qualche anno, per quanto riguarda l'antisemitismo presenta tuttavia una logica e motivazioni autonome, uno scarto di paradigma non afferibile alle consuete declinazioni del razzismo coloniale perché, come aveva osservato a suo tempo De Felice, «formalmente, la politica della razza rispetto alle popolazioni dell'Impero con il problema degli ebrei non aveva nulla in comune»[12]. Laddove, in ambiente politico totalitario, prevalga la logica del *nemico interno* – una logica cui l'antisemita è particolarmente fedele e su cui l'antisemitismo aveva costruito le sue precedenti fortune teoriche – questa, per il radicalismo ideologico esplicitamente totalitario che esprime, è destinata a fagocitare, o comunque a modellare in base ai propri obiettivi politici, quella razzista del *nemico esterno*. Non è la delimitazione all'esterno il criterio per procedere alla razzizzazione all'interno; ma è la lotta contro il nemico interno, un obiettivo ben congeniale al sistema totalitario, a dettare l'agenda dell'azione politica[13]. Più che un essere inferiore, l'antisemitismo considerava l'ebreo una figura socialmente «pericolosa»; e la sua pericolosità consisteva nell'assumere un atteggiamento di dominatore dei popoli e delle società con cui entrava in relazione nel corso del suo nomadismo. A fronte dei popoli da colonizzare ritenuti estranei alla civiltà europea, l'ebreo è supposto portatore di un'altra civiltà, quella semitica, i cui valori (mammonismo, materialismo, irrequietezza rivoluzionaria ecc.) erano ritenuti estranei a quelli dei popoli europei e dunque ariani. L'immaginario antisemita ricorreva all'utilizzo di categorie recu-

[12] De Felice, *Storia degli ebrei italiani sotto il fascismo* cit., p. 239.

[13] Differente, in proposito, il giudizio storiografico di P. Costa, *Civitas. Storia della cittadinanza in Europa*, vol. 4, *L'età dei totalitarismi e della democrazia*, Laterza, Roma-Bari 2002, p. 287.

perate dal razzismo, procedendo però a una loro significativa inversione: il ruolo svolto dall'ebraismo nei centri della civiltà europea corrispondeva a quello svolto dai bianchi nelle colonie; viceversa, i popoli ariani, ridotti in schiavitù dal mammonismo semita, ricoprivano la medesima funzione subalterna svolta dai popoli di colore. I popoli europei, in particolare i francesi, aveva sentenziato Drumont negli anni immediatamente precedenti lo scoppio dell'*Affaire Dreyfus*, «sono davanti agli ebrei come i malgasci, i congolesi sono davanti ai nostri residenti e ai nostri amministratori. Gli ebrei stanno ai francesi come i francesi stanno ai negri»[14]. Piuttosto che da addebitare alle riconosciute capacità di polemista di Drumont, questa posizione la si ritrova in numerosi teorici dell'antisemitismo[15].

In questo senso, le vie d'uscita del razzismo e dell'antisemitismo divergevano: mentre la colonizzazione dei popoli europei era vista dal liberalismo quale tattica per realizzare il passaggio di quei popoli dalla fase storica della barbarie a quella della civiltà, con l'ebreo il ricorso a questa tattica diveniva storicamente impossibile, perché il rapporto ariano(europeo)-ebreo diveniva la cifra di uno scontro epocale di civiltà, uno scontro che per definizione non poteva ammettere mediazioni o tregue.

D'altro canto, proprio la prevalenza dell'antisemitismo sul razzismo induce a valutare la profondità di quello scarto di paradigma costituito dalla normativa del 1938 rispetto alla precedente politica razziale del regime fascista. Mentre quest'ultima, tra istanze eugenetiche e spinte nataliste e antimalthusiane, si reggeva su un saldo intreccio fra politica interna e politica estera, in quanto il miglioramento della situazione igienico-sanitaria interna e soprattutto l'incremento della popolazione erano ritenuti la condizione necessaria per una politica estera all'insegna dell'espansionismo[16], nel caso della legislazione del 1938 lo spettro applicativo e la logica politica as-

[14] É. Drumont, *La France juive devant l'opinion*, Marpon & Flammarion, Paris 1886, p. 169.

[15] J. Santo, *La France envahie, trahie, vendue. Exposé complet de l'invasion juive et de l'espionnage judéo-allemand*, Adresser à J. Santo, 131, rue de Vaugirard, Paris s.d. [1912], p. 12; Gohier, *Comme les Hindous* cit.; F. Trocase, *L'Autriche juive. L'Autriche contemporaine. Telle qu'elle est: Politique, Économique, Militaire et Sociale*, Paul Dupont et A. Pierret, Paris 1899, p. 154.

[16] Qualche cenno in proposito in P. Dogliani, *Il fascismo degli italiani. Una storia sociale*, UTET, Torino 2008, p. 103.

sumevano una prospettiva del tutto interna, definita dalla politica antiebraica. Anzi, proprio in quest'ultimo caso valevano i principi contrari a quelli che avevano da tempo ispirato la politica natalista del fascismo. Con quella legislazione, il regime fascista auspicava, fra l'altro, che la proibizione dei matrimoni misti – per giunta in una situazione, quella dell'ebraismo italiano, caratterizzata dall'elevata propensione a contrarre appunto matrimoni misti –, oltre a tenere ben distinti gli «ariani» dai «semiti», associata alle più generali difficoltà materiali che la legislazione provocava nella condizione di vita degli ebrei italiani, avrebbe comportato quanto meno un rapido decremento demografico di questi ultimi.

Ammesso che la legislazione razziale trovi la sua spiegazione nei problemi sorti con l'allargamento dei possedimenti coloniali, a muovere dalla legislazione del 1938 è l'antisemitismo a spiegare e incorporare il razzismo, ed era sul tema della lotta all'ebraismo, prima che contro le popolazioni di colore, che aveva insistito con più vigore la propaganda del regime fascista. Sotto l'aspetto teorico-politico si poteva anche ammettere il caso che il regime perseguisse una rigorosa politica razziale, impostata sulla discriminazione delle popolazioni coloniali e mirata a evitare «contaminazioni» fra italiani e popolazioni di colore, senza porre capo a una legislazione chiaramente antisemita. Il passaggio dall'una all'altra legislazione non era automatico, né necessario, essendo demandato a una decisione e a una strategia eminentemente politiche che miravano a colpire l'ebreo prima che l'indigeno.

La razzizzazione nelle colonie, e dunque all'*esterno*, non è da confondere – né in verità ci sembra del tutto adatta a spiegarlo – con il processo *interno* di razzizzazione della nazione. Come avrebbe osservato un autore politicamente al di sopra di ogni sospetto, Telesio Interlandi, il «problema dei problemi»[17] era il nono punto del *Manifesto della razza*, quello che riguardava l'affermazione dell'estraneità degli ebrei alla «razza italiana»: un problema, continuava sempre Interlandi, che «il meticciato riparava con una nuvola di chiacchiere e con la falsificazione della storia, della scienza e dei fatti attuali»[18]. Era un modo, neanche troppo velato, per esprimere la con-

[17] Interlandi, *Contra Judaeos* cit., p. 103 (su Interlandi e, in generale, sulla sua attività di direttore della «Difesa della Razza», vedi ora Cassata, *«La Difesa della razza»* cit.).

[18] *Ibid.*

vinzione che tutta la logica politica del *Manifesto* ruotasse attorno al punto nono, vero e proprio nucleo centrale di tutto il testo, perché il nemico da cui garantirsi e difendersi, prima che l'etiope, le altre popolazioni di colore dell'impero coloniale fascista e lo sviluppo del meticciato («una dolorosa piaga, una sorgente di infelici e di spostati» l'aveva definita Teruzzi)[19], era appunto l'ebreo italiano.

Le pur modeste capacità teorico-politiche di Interlandi sollevavano un problema, quello del rapporto fra razzismo e antisemitismo, nient'affatto assodato per lo sviluppo di una politica che fosse al tempo stesso contro le popolazioni di colore e contro gli ebrei.

Almeno per limitarci al modo con cui razzismo e antisemitismo si integrano nel regime totalitario fascista, è passata quasi del tutto inosservata la questione delle modifiche subìte dal razzismo in ambiente totalitario; per dire meglio: riconosciuto che il razzismo è nient'affatto estraneo ai sistemi politici liberali, quali nuove declinazioni esso subisce nel momento in cui si associa all'antisemitismo, in una situazione storico-politica caratterizzata dal precedente avvento del sistema totalitario? Quale differenza si può riscontrare fra il razzismo in età liberale e quello che, associato all'antisemitismo, si pratica in ambiente totalitario?

Il razzismo degli Stati liberali muoveva dalla convinzione dell'esistenza di razze esterne alla civiltà, le quali potevano essere integrate in quest'ultima, dopo avere subìto un vigoroso processo di civilizzazione. Nel razzismo liberale la qualità delle razze, ossia la loro permanenza in situazioni di estraneità alla civiltà, diveniva storicamente transeunte e non sempre affidata a motivazioni di provenienza naturalistica. Per dire meglio, si supponeva che gli aspetti naturalistici che denotavano l'arretratezza morale, spirituale ed economico-sociale della razza potessero essere modificati, qualora fossero stati sottoposti a un processo di civilizzazione che ne smussasse le angolazioni più arretrate. Essendo il liberalismo una cultura politica che, fondata sul mito del progresso, valorizza il processo di civilizzazione, identificandosi anzi con quest'ultimo, esso traduce quest'istanza nel progetto di un governo della Natura, nel senso che anche questa può essere «civilizzata». Nella visione liberale del razzismo, quella contrassegnata dalla missione civilizzatrice di cui si autoinve-

[19] Teruzzi, *Realtà costruttiva dell'Impero* cit., p. 69.

stivano le potenze coloniali europee, alla politica era affidato il compito di sciogliere quei nodi naturali che impedivano alle razze di intraprendere il cammino della civilizzazione. Questa convinzione implicava che progresso e civilizzazione nel lungo periodo avrebbero potuto governare la Natura, abolendo quelle abitudini e inclinazioni razziali deteriori ed estranee alla civiltà.

Nella versione totalitaria del razzismo la scissione fra Natura e Civiltà diviene invece irrisolvibile, e la seconda viene strettamente subordinata alla prima, con la Politica delegata al compito di mediazione notarile fra gli insindacabili decreti della Natura e la loro applicazione alla Civiltà. La civilizzazione diviene il rendersi evidente di un codice già inscritto nella Natura medesima, nel senso che ciò che i popoli, le razze e le etnie hanno conseguito sul piano della civilizzazione era già segnato nella loro natura. In questa visione, la Storia non è altro che l'evidenziarsi della Natura; ed essendo la civilizzazione il risultato necessario di origine naturalistica, compito della Politica diviene quello di tradurre le leggi della Natura nel governo degli uomini, ossia di trasformarsi nell'esecutore fedele di quanto è già stato deciso dalla Natura. In riferimento alla questione delle razze, la Politica, che in epoca liberale presumeva di essere una prassi capace di emancipare le razze dalle condizioni economico-sociali in cui vivevano in precedenza, si investe del compito di controllare il supposto ordine gerarchico e naturale delle razze, provvedendo che quest'ordine non venga mai turbato, ma si perpetui nel corso della Storia.

In questo senso, non sarebbe probabilmente azzardato parlare di una *antisemitizzazione del razzismo*, sia perché quest'ultimo è piegato alla logica totalitaria dell'antisemitismo, sia perché la civilizzazione ha smarrito il suo carattere storico e progressivo, essendo presentata quale traduzione nel campo storico e umano di ciò che la Natura ha già definito, essendo ripensata in un'accezione naturalistica che la irrigidisce rispetto a terzi. Col concetto teorico-politico di «antisemitizzazione del razzismo» possiamo intendere il processo di subordinazione del razzismo nell'antisemitismo: è un processo che, realizzatosi in un ambiente politico totalitario, quale prerequisito storico indispensabile, conduce il razzismo a smarrire i suoi caratteri «difensivi», ereditati dalla tradizione liberale borghese, ponendosi invece quale atteggiamento tendente a valorizzare gli aspetti «offensivi» e «rivoluzionari» tipici del sistema totalitario. Essendo la civilizzazione un processo già avvenuto e consolidato, si tratta certamente di difenderla dalle eventuali pretese delle razze esterne – e tuttavia muovendo dal presupposto fondamentale che mai nessun processo politico potrà emancipare queste dalla loro situazione economico-sociale –, e dal nemico interno, intenzionato a sottomettere le razze protagoniste del processo di civilizzazione.

Interlandi aveva probabilmente ben chiaro che razzismo e antisemitismo condividevano la visualizzazione naturalistica delle differenze[20], essendo entrambe ideologie che privilegiavano l'immagine quale punto di partenza per la successiva razzizzazione. Non a caso, proprio la rivista interlandiana, «La Difesa della Razza», fece un largo uso di immagini, caratterizzandosi anche per i ricchi apparati iconografici che affiancavano gli articoli pubblicati sulla rivista[21].

E tuttavia l'antisemitismo, rispetto al razzismo, se pure riesce a piegare quest'ultimo alla sua logica totalitaria, essendo in maggiore dimestichezza col totalitarismo, si trovava davanti alla difficoltà supplementare di individuare le differenze laddove quelle somatiche e di colore si stemperavano o erano addirittura annullate: come individuare l'ebreo, laddove tutti erano bianchi? Da qui la proiezione nel dibattito fascista di una domanda, quella di dare vita a una «scienza del giudaismo» o «giudeologia» che, rimontando addirittura alle origini dell'antisemitismo contemporaneo[22], attraverso Ford e Céline[23], si riverberava in un teorico dell'antisemitismo come Evola, sollecito nel domandare che l'antisemitismo si costituisse come un «sapere oggettivo e impersonale», articolandosi anche in una «scienza della sovversione» che studiasse come l'ebreo metteva in opera «la costante tendenzialità disgregatrice e sovvertitrice dei valori dell'uomo ario»[24].

[20] Su questo concetto vedi G.L. Mosse, *Sessualità e nazionalismo. Mentalità borghese e rispettabilità*, ed. or. 1982, trad. it., Laterza, Roma-Bari 1984, ma cit. dall'ed. 1996, p. 154.

[21] Vedi Cassata, *«La Difesa della razza»* cit., pp. 341 sgg.

[22] Vedi A. de Boisandré, *Petit Catéchisme antijuif*, ed. or. 1898, ma cit. dall'ed. Paris 1942, s.a.i., p. 15.

[23] Vedi H. Ford, *L'ebreo internazionale. Un problema del mondo*, ed. or. 1921, trad. it., Corbaccio, Milano 1938, p. 14; Céline, *Bagatelle per un massacro* cit.; Id., *La scuola dei cadaveri*, ed. or. 1938, trad. it., Soleil, S. Lucia di Piave (TV) 1997.

[24] Entrambe le citazioni in J. Evola, *Sintesi di dottrina della razza*, Hoepli, Milano 1941, rispettivamente pp. 38, 31.

La necessità di dare vita a una «giudeologia», per mutuare il linguaggio céliniano, ovvero alla evoliana «scienza della sovversione» tradiva come l'antisemitismo fascista cercasse di ritagliarsi un sapere specialistico che, pur intrattenendo rapporti con l'ideologia razzista, ne rivendicasse comunque le differenze: se entrambe le ideologie promuovevano la distinzione fra le razze, alla seconda rimaneva però il compito ben più arduo di definire il *nemico interno*, un soggetto certamente più pericoloso del nero o dell'etiope, perché, essendosi mimetizzato, da tempo si era insediato nei centri vitali della civiltà fascista.

La consapevolezza, avvertita dai teorici fascisti dell'antisemitismo di ritagliare per quest'ultimo uno spazio di osservazione e d'intervento differenziato rispetto a quello del razzismo ci rimanda a un problema già affrontato da Adorno e Horkheimer quando, nella *Dialettica dell'illuminismo*, avevano osservato causticamente che «la razza, oggi, è l'autoaffermazione dell'individuo borghese» e che «i negri vanno tenuti al loro posto; ma degli ebrei bisogna ripulire la terra»[25].

È un problema che possiamo rilevare nella difficoltà – registrata da alcuni teorici del razzismo fascista – di dare vita a un compiuto sistema totalitario, qualora il razzismo non fosse stato affiancato dall'antisemitismo. Il razzismo poteva certamente garantire l'ordine delle razze, di supposta derivazione naturalistica, essendo ispirato a una logica di «conservatorismo sociale»[26]; in questo senso, il razzismo fascista costituiva una strategia di difesa di una civilizzazione supposta minacciata *all'esterno* dalle popolazioni di colore. Era invece la logica antisemita ad assicurare la propulsione totalitaria, perché ispirata a un atteggiamento di ostilità nei confronti di un mondo borghese giudicato ebreizzato, e dunque da superare. Ciò significava che era proprio quella logica antisemita, *rivoluzionaria perché totalitaria*, ad agire da potente valore aggiunto del processo di costruzione del totalitarismo. La prospettiva totalitaria non si misurava tanto nel presidiare con sicurezza i confini all'esterno, quelli sta-

[25] Entrambe le citazioni in M. Horkheimer, T. Adorno, *Dialettica dell'illuminismo*, ed. or. 1947, trad. it., Einaudi, Torino 1966, ma cit. dall'ed. 1980, rispettivamente, pp. 183, 182.

[26] M. Foucault, *«Bisogna difendere la società»*, ed. or. 1997, trad. it., Feltrinelli, Milano 1998, p. 61.

biliti nei confronti delle popolazioni di colore; bensì nell'individuazione del *nemico interno*.

Il «problema dei problemi» evocato da Interlandi trovava proprio su questo punto la sua soluzione: l'antisemitismo fascista portava sul mercato il valore di scambio della lotta contro l'ebreo per realizzare il valore d'uso dell'intensificazione del processo di costruzione del totalitarismo. Il nemico interno, essendo ben più ostico perché camuffato, e astuto perché infiltratosi nei centri dirigenti e nelle vene più nascoste della civiltà occidentale, avrebbe dovuto essere snidato e isolato, quale prerequisito necessario per affermare valori e istanze totalitarie alle quali era biologicamente ma anche spiritualmente estraneo, essendo l'incarnazione del detestato spirito borghese e del mammonismo materialista.

2
Origini dell'antisemitismo fascista

Accanto al tema della necessità di regolamentare i rapporti fra le razze nell'impero, quando, tra l'estate e l'autunno del 1938, il regime introdusse le prime misure legislative antisemite, uno dei temi su cui più insistette la propaganda fascista era consistito nella rivendicazione che quelle misure, piuttosto che una svolta più o meno repentina, costituivano il momento culminante di un razzismo e di un antisemitismo presenti nel fascismo fin dalle sue origini nel 1919.

Era, ad esempio, sempre Telesio Interlandi che, inaugurando «La Difesa della Razza», il periodico che fin dal primo numero si poneva quale organo ufficioso e supremo della politica razziale del regime, riassumeva un incontro dei firmatari del testo *Il fascismo e i problemi della razza*, pubblicato sul «Giornale d'Italia» del 14 luglio 1938, col segretario del Partito nazionale fascista, Achille Starace, osservando che il «Segretario del Partito [...] ha ricordato che il Fascismo fa da 16 anni praticamente una politica razzista che consiste – attraverso l'azione delle istituzioni del Regime – nel realizzare un continuo miglioramento quantitativo e qualitativo della razza»[1]. Era poi Roberto Fa-

[1] [Anonimo, ma attribuibile a Telesio Interlandi], *Il Partito e il razzismo italiano*, in «La Difesa della Razza», 5 novembre 1938, 1, p. 2. Ma, a titolo di puro esempio, vedi anche quanto scrive in Id., *Fascio e difesa della razza nacquero insieme*, ivi, p. 46; ma in tal senso anche Id., *Contra Judaeos*, Tumminelli & C., Roma 1938, p. 133; G. Acerbo, *I fondamenti della dottrina fascista della razza*, Ministero della Cultura Popolare-Ufficio Studi e Propaganda sulla Razza, Roma s.d. [1940], p. 11; L. Cipriani, *Fascismo razzista*, Tumminelli & C., Roma 1940, p. 9 (ma vedi anche

rinacci, da anni nume politico tutelare dell'antisemitismo dalle colonne della «Vita Italiana», a decretare, durante una conferenza all'Istituto di cultura fascista a Milano nel novembre del 1938, che «bisogna essere in mala fede per affermare» che la scelta dell'antisemitismo «seguita oggi dall'Italia, ci è stata suggerita o l'abbiamo presa a prestito dalla Germania»[2]. «Dire che le nazioni si imitano nella lotta contro gli ebrei – era il commento prosaico di un giurista del regime, Giuseppe Maggiore – è come dire che si imitano nel fare la guerra, nell'imporre le tasse, nel perseguitare i delinquenti»[3]. Secondo un altro autore, da giudicare quale pessimo orecchiante del dibattito internazionale sulle razze, le critiche politiche a un regime fascista che si muoveva sulla scia delle suggestioni dell'antisemitismo e del razzismo nazisti erano da respingere quali «volgari insinuazioni», perché anche su questi temi la rivoluzione fascista «non ha bisogno di andare in prestito da chicchessia»[4]. Addirittura, non mancarono neanche le voci di coloro che rovesciavano il problema, rivendicando che semmai era stato il nazismo ad avere plagiato un razzismo fascista che rimontava a diversi anni prima che Rosenberg desse alle stampe il suo *Mythus*[5].

pp. 98, 104); nonché, almeno per quanto riguarda la corrente del cosiddetto «razzismo spirituale», M. Scaligero [pseud. di A.M. Sgabelloni], *La razza di Roma*, Mantero, Tivoli 1939, pp. 188, 226-27, 267. Per la campagna di stampa promossa dal regime per rivendicare la continuità del razzismo fascista, vedi, a titolo di puro esempio, l'articolo anonimo, *Assoluta continuità della concezione mussoliniana*, in «Il Popolo d'Italia», 6 agosto 1938. Il *Manifesto della razza* del 14 luglio 1938 è stato più volte riprodotto in antologie o negli studi dedicati alla storia del razzismo fascista (vedi, fra le tante riproposizioni, la ristampa in A. Cavaglion, G.P. Romagnani, *Le interdizioni del Duce. A cinquant'anni dalle leggi razziali in Italia (1938-1988)*, Albert Meynier, Torino 1988, pp. 24-26; R. De Felice, *Storia degli ebrei italiani sotto il fascismo*, Einaudi, Torino 1961, ma cit. dalla nuova ed. ampliata, 1993, pp. 555-56.

[2] Entrambe le citazioni in R. Farinacci, *La Chiesa e gli ebrei*, Edizioni Cremona Nuova, Cremona 1938, ma cit. dalla ristampa, Edizioni Sentinella d'Italia, Monfalcone 1987, p. 16. Sull'antisemitismo di Farinacci, e sulle sue posizioni politiche sempre più vicine al nazismo, vedi G. Pardini, *Roberto Farinacci ovvero della rivoluzione fascista*, Le Lettere, Firenze 2007, in partic. pp. 378 sgg.; M. Di Figlia, *Farinacci. Il radicalismo fascista al potere*, Donzelli, Roma 2007, in partic. pp. 217 sgg.

[3] G. Maggiore, *Razza e fascismo*, Libreria Agape, Palermo 1939, p. 129.

[4] Entrambe le citazioni in A. Banzi, *Razzismo fascista*, Libreria Agape, Palermo 1939, rispettivamente, pp. 17, 19. Lo stesso Banzi, a dimostrazione di una conoscenza molto lacunosa del dibattito internazionale sulle razze, presentava Alexis Carrel quale «grande scienziato americano» (p. 78).

[5] Vedi quanto scrive E. Leoni, *Mistica del razzismo fascista*, Quaderno n. 3 della «Scuola di Mistica Fascista Sandro Italico Mussolini», Milano 1941, p. 26.

Quasi due anni dopo, inaugurando la rivista della Direzione generale per la demografia e la razza, «Razza e Civiltà», toccava al direttore, Antonio Le Pera, ritornare ancora una volta sul tema di una continuità del razzismo fascista rimontante al 1919, scrivendo che «l'attuale movimento razziale italiano è [...] la continuazione di una nobile, mai interrotta tradizione di valori biologici e spirituali, che nel nuovo clima politico si esaltano in armonia alle ricerche biologiche ed al moderno sviluppo delle scienze antropologiche»[6]; anzi, Mussolini «fin dai primi anni del Fascismo aveva voluto che l'Italia – erede di Roma – che ha imposto al mondo tre civiltà, non si disinteressasse della difesa della razza»[7].

Sempre in sede di dibattito dottrinario, nello stesso anno la questione delle origini «lunghe» della normativa del 1938 non poteva non ritornare nel *Dizionario di politica*, la sede in cui i maggiori teorici del regime, in contrapposizione implicita con i criteri scientifici che avevano ispirato la gentiliana *Enciclopedia italiana*, fornivano l'interpretazione ufficiale del fascismo circa i fenomeni politici[8]. Alla voce *Antisemitismo*, il redattore sosteneva che la

> Rivoluzione fascista, nel prendere posizione decisamente avversa alla mentalità internazionalista che è alle radici del mondo demoliberale, aveva implicitamente assunto posizione di lotta contro l'ebraismo che di tale mentalità costituisce l'espressione più tipica e la stessa sorgente. Per quanto non vi fossero state dichiarazioni esplicite contro il giudaismo e si consentisse all'elemento ebraico di partecipare con parità di diritti alla vita nazionale, tuttavia l'orgoglio della tradizione storica che fa capo a Roma portava ineluttabilmente a segnare un distacco più o meno profondo fra il popolo italiano fascista e la piccola massa di ebrei viventi ai suoi margini[9].

[6] A. Le Pera, *Razza e civiltà*, in «Razza e Civiltà», 1940, 1, p. 5.

[7] Ivi, pp. 5-6. Ma in tal senso, fra i tanti, almeno per quanto concerne questa rivista, vedi A. Sabatini, *Il concetto di razza nell'etica fascista*, in «Razza e Civiltà», 1940, 2, pp. 201-207. Sulla rivista «Razza e Civiltà», vedi M. Masutti, *La rivista «Razza e Civiltà»: un aspetto del razzismo fascista*, in «Sociologia», 2002, vol. 36, 1, pp. 83-100.

[8] Sul *Dizionario di politica*, vedi A. Pedio, *La cultura del totalitarismo imperfetto. Il dizionario di politica del Partito nazionale fascista (1940)*, Unicopli, Milano 2000.

[9] Red., *Antisemitismo*, in Partito nazionale fascista, *Dizionario di politica*, Istituto della Enciclopedia Italiana, Roma 1940, vol. I, *A/D*, p. 146.

Insomma, la linea ufficiale degli ideologi del regime era che, se non esplicitamente antisemita, il fascismo aveva presentato fin dalle origini una vena razzista nella sua opera di esaltazione della romanità; l'antisemitismo fattosi Stato era semmai la conseguenza logica e storica di un atteggiamento politico da sempre presente nell'universo ideologico fascista.

Ciò che è da rilevare nella voce del *Dizionario di politica* non è tanto la riproposizione del *Leitmotiv* della continuità e dunque delle origini lunghe dell'antisemitismo fascista, bensì che il testo fosse redazionale e non steso da uno dei teorici che già da qualche anno occupava le pagine di quotidiani e riviste. Essendo un'opera ufficiale, la scelta di affidare a un singolo esponente la stesura di una voce così impegnativa avrebbe significato riconoscere alla «scuola», di cui quell'esponente era rappresentativo, un crisma di ortodossia che, di conseguenza, sconfessava la «scuola» avversaria.

Invero, non è difficile cogliere quelli che, a nostro avviso, sono i motivi di un atteggiamento che rivendicava all'antisemitismo fascista una rigorosa coerenza ideologica[10]: per un verso, si trattava di rivendicare a quei provvedimenti la continuità ideologica, un aspetto fondamentale per qualsiasi regime totalitario, evitando che fossero visti «quasi una rivoluzione nella rivoluzione», come a guerra iniziata avrebbe osservato uno dei teorici del razzismo italiano[11]. Per l'altro verso, era necessario fugare il sospetto che, in questa scelta politica, il regime fascista si fosse supinamente adeguato a quello nazista, smarrendo proprio quell'autonomia e differenziazione ideologica che gli esponenti del regime, a cominciare proprio da quelli in prima fila nella lotta antisemita, avevano rivendicato fin dai primi anni Trenta, quando si erano verificati gli iniziali successi elettorali della NSDAP (Nationalsozialistische Deutsche Arbeiterpartei).

Proprio la pervasiva insistenza sul tema della continuità ideologica tradiva però come, al contrario del nazismo, il fascismo delle origini, così come quello degli anni successivi, non avesse contemplato, almeno nei suoi documenti ufficiali e nelle prese di posizione pubbliche, strategie politiche razziste. Com'è stato osservato da uno studioso del

[10] Per la campagna di stampa tesa a rivendicare la continuità del problema della razza nel fascismo, vedi, per tutti, A.-M. Matard-Bonucci, *L'Italia fascista e la persecuzione degli ebrei*, ed. or. 2007, trad. it., Il Mulino, Bologna 2008, pp. 22, 43 sgg.

[11] Così V. Mazzei, *Razza e Nazione*, Edizioni Italiane, Roma 1942, p. 5.

colonialismo italiano, il fascismo «come ideologia politica e come pratica di governo non aveva compiuto una sua elaborazione razzistica, né il tema della razza e del razzismo era centrale nella sua dottrina»[12].

È evidente che voci ostili agli ebrei fossero state presenti nel variegato mondo del fascismo, almeno di quello precedente l'avvento del regime, sol che si pensi ai casi di Giovanni Preziosi e Paolo Orano. E tuttavia, attestato che atteggiamenti ispirati al razzismo e all'antisemitismo non rientravano nell'agenda ideologica del regime, dove rintracciare i motivi per cui un regime come quello fascista, che aveva messo sotto controllo la stampa e giudicava con sospetto posizioni politiche non riconducibili al panorama dell'ideologia ufficiale, permetteva che le polemiche contro l'ebraismo trovassero uno spazio, sia pure limitato a ristretti settori della pubblicistica?

Crediamo che si trattasse di posizioni tollerate, in quanto rafforzavano l'impianto ideologico nazionalista del movimento. La constatazione che in alcuni settori della stampa fascista, a cominciare da «Il Tevere», espressione quasi ufficiale della linea politica del regime, trovassero spazio argomenti dichiaratamente antisemiti, depone a vantaggio dell'ipotesi storiografica che l'antisemitismo fosse visto, se non come un eventuale obiettivo strategico da perseguire, comunque come una cultura politica non del tutto in contraddizione con l'ideologia fascista medesima, in particolare con la sua caratterizzazione in senso nazionalista.

Queste posizioni antisemite erano tollerate perché condividevano col fascismo un atteggiamento di ostilità nei confronti della vecchia società liberale e borghese: un atteggiamento di ostilità che, in alcune voci dell'antisemitismo, si presentava talvolta in modo ben più radicale che nel fascismo. Tuttavia, crediamo sia da valutare l'ipotesi che il motivo più importante di tale accettazione consistesse nel fatto che, soprattutto nella loro accesa polemica contro il sionismo, esse rivendicavano un vincolo di fedeltà alla nazione emancipato da altre opzioni o remore, fossero anche provocate dall'appartenenza religiosa[13].

[12] L. Goglia, *Note sul razzismo coloniale fascista*, in «Storia contemporanea», 1988, dicembre, 6, p. 1232. Ma in tal senso, tra i tanti, anche P. Costa, *Civitas. Storia della cittadinanza in Europa*, vol. 4, *L'età dei totalitarismi e della democrazia*, Laterza, Roma-Bari 2002, p. 282.

[13] A titolo di puro esempio, sulla presenza della critica del sionismo in un autore, Berto Ricci, tra i più rappresentativi del fascismo estremista, vedi quanto scri-

L'ideologia ufficiale del regime non poteva che condividere quelle voci dell'antisemitismo sollecite nel domandare all'ebraismo un'identificazione integrale con la visione fascista di nazione, che sgombrasse qualsiasi dubbio su un'eventuale sospetto di «doppia fedeltà» – per non dire del ben peggiore sospetto di una naturale vocazione ebraica all'internazionalismo, rinfocolato dalla diffusione nel dopoguerra del concetto di «giudeobolscevismo» – che da tempo gravava sull'ebraismo europeo.

Nella stessa pubblicistica del Mussolini del 1918-20 era ricorso talvolta lo stereotipo dell'identità fra l'ebraismo e il bolscevismo[14], vero e proprio punto forte dell'antisemitismo del dopoguerra. E tuttavia, a rivoluzione bolscevica sulla via della stabilizzazione, proprio Mussolini aveva avuto occasione di osservare che il bolscevismo «non è, come si crede, un fenomeno ebraico»[15]. A ben guardare, tra tutti i movimenti nazionalisti antipluralisti sorti in Europa dall'ultimo ventennio del XIX secolo, dal panslavismo delle Centurie nere ad alcuni settori del pangermanesimo fino all'*Action française*, il fascismo era uno dei pochi movimenti a non prevedere nel suo programma politico l'adozione di misure più o meno esplicitamente antisemite.

L'indifferenza fascista per l'antisemitismo – considerato che lo stesso Mussolini del periodo squadrista aveva sostenuto che l'Italia «non conosce l'antisemitismo e crediamo che non lo conoscerà mai»[16] – rimandava alla visione del concetto fascista di «nazione» e alle conseguenze che questo concetto determinava nel progetto complessivo di nazionalizzazione totalitaria delle masse. In altri termini, l'indifferenza iniziale per l'antisemitismo è da riconnettere al

ve P. Buchignani, *La rivoluzione in camicia nera. Dalle origini al 25 luglio 1943*, Mondadori, Milano 2006, p. 343.

[14] Per una discussione degli articoli mussoliniani sul «Popolo d'Italia» dell'immediato dopoguerra, dedicati appunto alla tesi dell'influenza dell'ebraismo sul bolscevismo, vedi De Felice, *Storia degli ebrei italiani sotto il fascismo* cit., pp. 69 sgg.; G. Fabre, *Mussolini razzista. Dal socialismo al fascismo: la formazione di un antisemita*, Garzanti, Milano 2005, pp. 232, 240 sgg.; Matard-Bonucci, *L'Italia fascista e la persecuzione degli ebrei* cit., pp. 103-104. Qualche cenno in proposito anche in N. Tranfaglia, *Labirinto italiano. Il fascismo, l'antifascismo e gli storici*, La Nuova Italia, Scandicci (FI) 1989, p. 80.

[15] B. Mussolini, *Ebrei, bolscevismo e sionismo italiano*, in «Il Popolo d'Italia», 19 ottobre 1920, ma cit. da Id., *Opera Omnia*, a cura di E. Susmel, D. Susmel, vol. XV, *Dal secondo congresso dei fasci al Trattato di Rapallo (26 maggio 1920 - 12 novembre 1920)*, La Fenice, Firenze 1954, p. 269.

[16] Ivi, p. 270.

fatto che il fascismo si considerava erede di una visione della nazione il cui impianto spiritualista era stato mutuato da Mazzini e dalla tradizione mazziniana e risorgimentale.

È anche verosimile, però, che i progetti di nazionalizzazione delle masse, che i teorici interventisti della «guerra rivoluzionaria» nel 1914 avevano consegnato all'agenda politica del fascismo successivo, contemplavano la necessità di nazionalizzare in prima istanza le classi subalterne, fino ad allora escluse dalla politica o collocate su un terreno estraneo al medesimo concetto di nazione, piuttosto che di procedere a una *razzizzazione della nazione*. Il «nemico interno» per il primo fascismo esisteva; ma con questo concetto erano da individuarsi quei settori di classi subalterne che, attestati su posizioni socialiste, la decisione della partecipazione italiana alla guerra l'avevano subìta nel 1915-18, per poi rivelarsi ostili alla nazione nel dopoguerra, affascinate dal mito del bolscevismo. Il concetto fascista di «nazione» si era formato nel corso della battaglia interventista e degli anni di guerra; e questa si era svolta, almeno fino a Caporetto, in presenza di settori di opinione pubblica scettica, se non divisa sulla scelta dell'intervento. Il *clivage* fascista non poteva fondarsi sulle razze, bensì sulle culture politiche e i movimenti che alla guerra si erano opposti, oppure l'avevano domandata. In questo senso, nell'ideologia fascista, espressa sia nello squadrismo che nel periodo successivo alla presa del potere, quella visione di «nazione» non poteva che prevalere su quella di orientamento razziale, perché si trattava di ricompattare e di organizzare la coesione di una nazione divisa in politica.

Già De Felice aveva osservato a suo tempo come almeno il fascismo diciannovista e squadrista avesse intrattenuto qualche rapporto, «falso storiograficamente, ma vero psicologicamente»[17], con la tradizione politica del giacobinismo, e addirittura con alcune istanze della cultura di sinistra. È probabile che fossero stati questi sottili e appena percepibili legami sotterranei a preservare, almeno il primo fascismo, dall'accentuare istanze antisemite. Il problema politico strategico che il fascismo era chiamato a risolvere non poteva consistere in una razzizzazione della nazione, perché il movimento fascista avvertiva la necessità prioritaria e fondamentale di avviare un processo di nazionalizzazione delle masse in una situazione, quella dell'Italia successiva alla fine della guerra, in cui la precedente na-

[17] R. De Felice, *Intervista sul fascismo*, Laterza, Roma-Bari 1975, p. 5.

zionalizzazione promossa dalla classe dirigente liberale aveva mostrato limiti evidenti, essendo fallita non solo nei suoi aspetti immediatamente politici, ma in quelli culturali e addirittura simbolici.

La questione dei rapporti sotterranei del fascismo con la tradizione politica giacobina, così come le origini di «sinistra» del fascismo, rispetto alle origini di «destra» del nazismo – una distinzione forse eccessivamente enfatizzata da De Felice[18] in risposta alle obiezioni dei suoi critici –, ai fini del discorso sul razzismo fascista, sarebbe da sviluppare anche su un altro versante. La provenienza socialista o sindacalista rivoluzionaria di una parte consistente della classe dirigente fascista conduceva quest'ultima sia a una sostanziale indifferenza per la prospettiva della razzizzazione della nazione, sia soprattutto a ritenere fondamentale la questione della nazionalizzazione delle classi subalterne.

Nel caso del fascismo, la prevalenza del mito della Nazione su quello della Razza, piuttosto che dovuta a una precedente tradizione antisemita nazionale limitata ad alcuni settori del dibattito pubblico, e comunque assolutamente non paragonabile all'udienza che tematiche e posizioni antisemite avevano riscosso nella Germania guglielmina, per non dire della Francia dell'*Affaire Dreyfus*, ci pare sia da addebitare al fatto che per i fascisti la nazione italiana era ancora da realizzare completamente: nell'agenda politica e ideologica del fascismo la valorizzazione del concetto di nazione precedeva il problema della razza. Se non c'è dubbio che «una vena criptorazzista [...] percorre ed alimenta numerose cellule vitali dell'ideologia fascista»[19], è anche verosimile che questa vena criptorazzista, anche nei suoi momenti più visibili prima del 1938, non metteva in dubbio la visione spirituale della nazione, evitando di procedere a una razzizzazione per linee interne che favorisse la comparsa di *clivages*, laddove si trattava, anzi, di promuovere un sentimento della nazione per quanto possibile unitario.

Il movimento fascista si presentava come un soggetto politico il cui scopo principale era quello di completare una nazionalizzazione del-

[18] Ivi, pp. 105-106.

[19] P.G. Zunino, *L'ideologia del fascismo. Miti, credenze e valori nella stabilizzazione del regime*, Il Mulino, Bologna 1985, p. 270. Ma in tal senso, anche A. De Bernardi, *Una dittatura moderna. Il fascismo come problema storico*, Bruno Mondadori, Milano 2001, p. 272.

le masse ritenuta ancora insufficiente per le carenze oggettive di una classe dirigente liberale la quale aveva favorito e permesso che consistenti masse subalterne, quasi sempre egemonizzate dal socialismo, si mostrassero indifferenti, se non ostili, al senso di appartenenza nazionale. Tra i tanti motivi di ostilità che manifestava il fascismo nei confronti del liberalismo, uno dei più importanti consisteva proprio nell'accusa a quest'ultimo di avere fallito nel processo di nazionalizzazione delle masse. Di conseguenza, per il fascismo si trattava di dare vita, su basi politiche e ideologiche che non potevano essere quelle già sperimentate dal liberalismo, a una nazionalizzazione di tipo nuovo. Ciò implicava la necessità di non introdurre o valorizzare ulteriori differenziazioni fra «ariani» e «semiti», le quali avrebbero inevitabilmente indebolito il processo di nazionalizzazione di cui il movimento fascista prima e il regime poi si facevano promotori. Era stato il giudizio su una nazionalizzazione totalitaria delle masse, ritenuta ancora scarsa e incerta, a decretare l'atteggiamento di indifferenza del fascismo per l'antisemitismo. Una razzizzazione interna alla Nazione avrebbe necessariamente comportato una divisione di natura biologica, laddove l'unica divisione ammessa dall'ideologia fascista era di natura spirituale e politica, procedendo lungo la linea del vincolo di fedeltà alla Nazione, ritenuto debole in alcuni (liberali), ovvero inesistente nelle culture politiche internazionaliste.

A rafforzare quest'indifferenza del fascismo originario per le tematiche antisemite aveva contribuito anche qualche altra specificità dell'ideologia fascista. Emilio Gentile ha già osservato che, sotto l'aspetto ideologico, il fascismo fu caratterizzato da un atteggiamento di entusiasmo verso la modernità[20]. Ai fini della nostra analisi è il caso di rilevare che, pur opponendo a quella liberale la modernità totalitaria, il rapporto positivo del fascismo con la modernità era da ricondurre all'apporto ideologico delle componenti politiche e culturali di provenienza futurista, nazionalista e sindacalista rivoluziona-

[20] È da individuare proprio in Gentile lo storico che più di tutti ha insistito sul rapporto positivo con la modernità presente nell'ideologia fascista. Fra le numerose opere in cui Gentile affronta questo problema storiografico, vedi almeno l'*Introduzione. La modernità totalitaria*, alla II ed. (I ed., Laterza, Roma-Bari 1975) del fondamentale Id., *Le origini dell'ideologia fascista (1918-1925)*, Il Mulino, Bologna 1996, pp. 3-49; un breve ma significativo cenno in tal senso, sia pure limitatamente al Mussolini del primo dopoguerra, in Id., *«La nostra sfida alle stelle». Futuristi in politica*, Laterza, Roma-Bari 2009, p. 92.

ria e più in generale di quel «nazionalismo modernista»[21] che, ampiamente diffuso nella cultura politica italiana in età giolittiana, sarebbe in buona parte rifluito nel fascismo.

Ora, in un'ideologia così ottimistica nei suoi rapporti con la modernità, l'antisemitismo ben difficilmente avrebbe potuto trovare una propria collocazione, essendo caratterizzato dal disperato pessimismo che ispirava una visione cospirazionista della storia, in cui la modernità era interpretata quale definitiva epoca dell'ebreizzazione del mondo[22]. A suo modo, l'antisemitismo pretendeva di essere una grande narrazione della Storia; e non a caso le sue basi fondamentali affondavano nell'Ottocento. In questo senso, era dotato di una visione escatologica, il cui pessimismo agiva a due livelli, del resto entrambi riprodotti nella letteratura cospirazionista, a cominciare dai *Protocolli dei Savi Anziani di Sion*: nel presente, perché denunciava l'approssimarsi del momento in cui l'ebraismo avrebbe stabilito finalmente la sua tirannide nel mondo, e nel futuro, essendo corroso dal sospetto che vana e inane rischiava di essere la reazione dei popoli ariani contro il progetto ebraico di dominio del mondo.

Nella visione fascista la Storia era interpretata in una chiave secolarizzata: essa era l'ambito esclusivamente riservato all'attivismo degli uomini. Essendo gli uomini artefici della Storia, i fascisti erano di conseguenza convinti che questa non prevedesse dei retroscena di natura cospirativa, i quali riducevano gli uomini, che sul palcoscenico della Storia comparivano, a strumenti di «Saggi» o di organismi più o meno occulti. Ben poco la visione fascista della Storia – specialmente quella espressa nel periodo dello squadrismo – avrebbe potuto condividere con i *Protocolli dei Savi Anziani di Sion*, e col cospirazionismo antisemita in genere – soprattutto quando questo si presentava in una versione oscura ed esoterica, convinto che «un sovversivismo occulto ha inquinato ogni aspetto della vita dell'uomo»[23] – perché si

[21] Sul concetto di «nazionalismo modernista», vedi Gentile, *Introduzione. La modernità totalitaria* cit., pp. 32 sgg.; Id., *Il futurismo e la politica. Dal nazionalismo modernista al fascismo (1909-1920)*, in R. De Felice (a cura di), *Futurismo, cultura e politica*, Atti del convegno «Futurismo, cultura, politica», Torino, 15-16 maggio 1986, Edizioni della Fondazione Giovanni Agnelli, Torino 1988, pp. 105-57.

[22] Vedi F. Germinario, *Visione cospirazionista della storia e immaginario antisemita*, in «Teoria politica», 2004, 3, pp. 55-85.

[23] M. Scaligero, *Scienza dello Spirito contro sovversivismo occulto*, in «La Vita Italiana», 1943, marzo, CCCLX, p. 259.

trattava di una visione che riconosceva certo un aspetto drammatico, costituito dall'impegno degli uomini semmai fino al sacrificio supremo, declinandolo comunque in una dimensione positiva, riconoscendo appunto solo agli uomini la capacità di forgiare il loro destino storico.

Dall'altro lato, ben difficilmente la visione fascista della Storia avrebbe potuto condividere un altro degli aspetti fondamentali dell'antisemitismo, ossia la convinzione che l'ebreizzazione del mondo e la definitiva presa del potere da parte dell'ebraismo fossero processi ormai sul punto di realizzarsi completamente, così come sostenuto nei *Protocolli*[24] e negli altri testi cospirazionisti. I fascisti, al contrario, erano convinti che la Storia non avesse una dimensione immanente, men che meno una direzione che riduceva gli uomini a protagonisti fittizi, attivi solo su impulso di forze che sul teatro storico non comparivano.

Infine, i fascisti non potevano accettare una visione storica che muovesse dal pessimistico presupposto che un'eventuale riscossa degli «ariani» potesse concretizzarsi nel successo, essendo la cospirazione ebraica un principio metafisico – visto che alcuni autori antisemiti la facevano rimontare all'epoca del regno di Salomone, se non della schiavitù in Egitto[25] – contro il quale già in precedenza, dagli imperatori romani a quelli medievali, si erano infranti i tentativi di combattere l'ascesa dell'ebraismo ai posti di comando. Il pessimismo fascista ineriva la necessità che la vita umana fosse interamente declinata come un impegno attivistico del tutto estraneo ai valori borghesi e all'edonismo materialistico; ma non implicava che l'attivismo umano costituisse l'espressione di forze che agivano nell'ombra.

Nel corso degli ultimi vent'anni del XIX secolo, nell'Italia libe-

[24] Vedi S. Nilus, *L'Internazionale ebraica. Protocolli dei «Savi Anziani» di Sion*, «La Vita Italiana», Roma 1921, p. 29. Ancorché, a nostro avviso, centrale nell'immaginario antisemita, il tema del sospetto che nulla possa fermare il piano ebraico di conquista del mondo, neanche l'antisemitismo medesimo, è stato, a quanto ci risulta, trascurato nella pur enorme bibliografia sulla visione cospirazionista della storia. Per una discussione su questo tema vedi Germinario, *Visione cospirazionista della storia e immaginario antisemita* cit., pp. 70 sgg.

[25] Vedi L. Marthin-Chagny, *La Sémitique Albion (Moeurs anglaises)*, Henri Jouve, Paris 1898, p. 78, nota 1 (ma vedi anche quanto scrive a p. 97). Per i riferimenti a Salomone, vedi quanto scrive S. Nilus, *Epilogo di Sergyei Nilus*, in Id., *L'Internazionale ebraica* cit., p. 153.

rale non erano mancate talvolta voci ostili agli ebrei[26]. L'impressione storiografica è che queste voci si fossero moltiplicate nel corso dell'età giolittiana, divenendo un'articolazione, sia pure secondaria, del paradigma politico degli ambienti e delle culture ostili al giolittismo (nazionalisti e sindacalisti rivoluzionari in primo luogo) e alla democrazia[27], quasi a dimostrare ancora una volta che l'antisemitismo, pur nell'autonomia teorica del suo universo ideologico, necessita comunque di nutrirsi delle culture politiche antiliberali e antipluraliste. È tutt'altro che casuale che due delle voci più importanti dell'antisemitismo fascista precedente il 1938, Orano e Preziosi appunto, avessero militato negli ambienti politico-culturali ostili al compromesso riformista giolittiano (Orano nel sindacalismo rivoluzionario, Preziosi nel nazionalismo)[28], affermandosi anche, come nel caso del primo, fra gli esponenti più rappresentativi.

A rafforzare la scarsa attenzione per i temi antisemiti da parte delle varie culture del «radicalismo nazionale»[29] prima e del movimento fascista dopo era anche la constatazione che a lasciare spazio a voci ostili all'ebraismo, se non antisemite *tout court*, era stata semmai la Chiesa cattolica, ossia il soggetto politico ostile proprio alla formazione della nazione[30].

[26] Vedi i numerosi contributi presenti in A. Burgio (a cura di), *Nel nome della razza. Il razzismo nella storia d'Italia (1870-1945)*, Atti del convegno «Nel nome della razza. Il razzismo nella storia d'Italia (1870-1945)», Bologna, 13-15 novembre 1997, Il Mulino, Bologna 1999.

[27] Vedi, per quanto concerne l'antisemitismo dell'intellettuale nazionalista Francesco Coppola, F. Gaeta, *Il nazionalismo italiano*, Laterza, Roma-Bari 1981, p. 139; per i sindacalisti rivoluzionari vedi F. Germinario, *Intellettuali sindacalisti rivoluzionari italiani davanti all'ebraismo*, in «Quaderno di Storia contemporanea», 1999, 25-26, pp. 7-22.

[28] Su Orano, almeno sulla sua intensa attività pubblicistica degli anni precedenti lo scoppio della prima guerra mondiale, vedi F. Germinario, *Latinità, antimeridionalismo e antisemitismo negli scritti giovanili di Paolo Orano*, in Burgio (a cura di), *Nel nome della razza* cit., pp. 210-21. Sulla figura di Preziosi, vedi i vari contributi pubblicati in L. Parente, F. Gentile, R.M. Grillo (a cura di), *Giovanni Preziosi e la questione della razza in Italia*, Soveria Mannelli, Rubbettino 2005; ma ben lontano dall'essere superato è il saggio di R. De Felice, *Giovanni Preziosi e le origini del fascismo (1917-1931)*, in «Rivista storica del Socialismo», 1962, 1, ma cit. da Id., *Intellettuali di fronte al fascismo*, Bonacci, Roma 1985, pp. 128-89.

[29] Su questo concetto storiografico vedi E. Gentile, *Il mito dello Stato nuovo dall'antigiolittismo al fascismo*, Laterza, Roma-Bari 1982, pp. 3-29 (nuova ed., 1999, pp. 3-30).

[30] Sull'argomento la bibliografia è abbastanza vasta. Vedi, almeno, G. Miccoli,

Ebbene, uno dei risultati più evidenti del dibattito fascista sulla razza è che decretò la crisi dell'antigiudaismo della tradizione cattolica. Questo filone politico-culturale fu certamente presente nel dibattito fascista, ma in una posizione che ben difficilmente poteva trovare uno spazio adeguato nelle agenzie di produzione teorica dell'antisemitismo fascista[31], dove a dettare la linea politica erano teorici e dottrinari poco sensibili all'antisemitismo della tradizione cattolica, se non attenti al paganesimo nazista.

Nell'antisemitismo fascista non mancarono gli scrittori cattolici, solo che si pensi al caso di un Gino Sottochiesa, che cercavano di richiamarsi alla tradizione antigiudaica. E tuttavia, si trattava di richiami non solo poco incisivi nel panorama complessivo della pubblicistica fascista, ma quasi mai problematizzati, se non nel senso di presentare l'antisemitismo fascista come prosecutore di una polemica antiebraica che affondava le sue radici nella tradizione culturale cattolica.

Se un'importanza questo filone riveste, essa è da ricondurre al superamento che l'antisemitismo in chiave totalitaria, secolarizzato, «scientifico», quasi sempre paganeggiante, stabiliva nei confronti della tradizione antigiudaica cattolica. Com'è stato osservato in anni recenti, «il discorso dei propagandisti cattolici del razzismo fascista è innanzitutto storico-politico o scientifico o antropologico: comunque largamente secolarizzato»[32]. Semmai, il dato storiografico da sottolineare è che proprio l'Italia fascista si presenta quale tappa terminale di un processo ideologico e culturale in atto già dalla se-

Santa Sede, questione ebraica e antisemitismo fra Otto e Novecento, in C. Vivanti (a cura di), *Storia d'Italia*, Annale XI, *Gli Ebrei in Italia*, II, *Dall'emancipazione a oggi*, Einaudi, Torino 1997, pp. 1369-574; R. Taradel, B. Raggi, *La segregazione amichevole. «La Civiltà Cattolica» e la questione ebraica (1850-1945)*, Editori Riuniti, Roma 2000; A. Di Fant, *L'Affaire Dreyfus nella stampa cattolica italiana*, Edizioni Università di Trieste, Trieste 2002.

[31] Sulle voci cattoliche, a cominciare da Gino Sottochiesa, presenti nel dibattito fascista sull'antisemitismo, notizie in R. Moro, *Propagandisti cattolici del razzismo antisemita in Italia (1937-1941)*, in C. Brice, G. Miccoli (a cura di), *Les Racines chrétiennes de l'antisémitisme politique (fin XIXe- XXe siècle)*, École Française de Rome, Rome 2003, pp. 275-345.

[32] Moro, *Propagandisti cattolici del razzismo antisemita in Italia (1937-1941)* cit., p. 278 (ma vedi anche p. 280). Sull'inclinazione di questo antisemitismo cattolico a farsi portavoce delle posizioni del razzismo di orientamento nazionalista, vedi ivi, pp. 305, 313.

conda metà del XIX secolo; era un processo che aveva visto l'antigiudaismo cattolico cedere progressivamente il passo all'antisemitismo secolarizzato, fino a farsi assorbire da quest'ultimo, ritagliandosi una funzione culturale nel complesso subalterna. Nel corso degli anni Venti-Trenta, questo processo poteva ormai dirsi definitivamente realizzato; e le voci antigiudaiche di provenienza cattolica, pur presenti sul mercato delle idee, erano chiamate ormai a svolgere una funzione del tutto subalterna. La stessa convinzione cattolica del bolscevismo quale creazione dell'ebraismo[33], se poteva essere vista quale proiezione di quella ricca tradizione antigiudaica ottocentesca che aveva identificato massoni, ebrei e rivoluzionari, può essere interpretata anche quale adesione al tema del «giudeobolscevismo», espressione dell'antisemitismo secolarizzato e paganeggiante.

La secolarizzazione dell'antigiudaismo cattolico, associata al ruolo periferico cui quest'ultimo fu relegato, era indicativa certamente dell'espansione di un antisemitismo che gli Stati totalitari vedevano appunto in maniera secolarizzata, se non esplicitamente pagana. E tuttavia, essa era anche il risultato dell'avvenuta *statalizzazione dell'antisemitismo*, un processo storico col quale non bisogna intendere solo l'introduzione di una normativa che discriminava e penalizzava gli ebrei.

Proprio perché nello Stato totalitario il monopolio della produzione delle idee e dei comportamenti politici non può essere ritenuto meno necessario del consueto monopolio della forza, nel momento in cui i due Stati totalitari, espressioni di religioni politiche che ambivano a collocarsi su un terreno di concorrenza con le religioni tradizionali, si facevano imprenditori politici dell'antisemitismo, erano necessariamente indotti ad assumere la direzione esclusiva della produzione della cultura politica antisemita, escludendo quell'agenzia, la Chiesa cattolica, universalistica per definizione e, in quanto imprenditore culturale indipendente, tetragona a qualsiasi processo di nazionalizzazione.

La statalizzazione dell'antisemitismo implicava, da un lato, l'inscrizione di quest'ultimo nel paradigma dell'universo ideologico del fascismo, attraverso l'elaborazione (o la rielaborazione) di stereotipi e temi finalizzati a sviluppare la spinta politica totalitaria e il proces-

[33] Taradel, Raggi, *La segregazione amichevole* cit., pp. 49 sgg.

so di costruzione dell'«uomo nuovo». La conseguenza non poteva consistere che nell'azzeramento, ovvero nella secolarizzazione, di tutti quei temi di natura teologica che afferivano alla tradizione antigiudaica: accettare *sic et simpliciter* i temi di quella tradizione significava, per un'ideologia secolarizzata, e addirittura incline al paganesimo, uno storicamente impossibile arretramento culturale, lo smarrimento di un'autonomia politica e ideologica rivendicata con orgoglio fin dalle origini. D'altro lato, un utilizzo fascista della tradizione antigiudaica cattolica era ormai storicamente non più praticabile, dopo che, da almeno un cinquantennio, l'antisemitismo aveva provveduto a emanciparsi definitivamente dall'antigiudaismo cattolico, ripensando l'ebreo come razza, e non più quale rappresentante del popolo deicida: proprio perché il fascismo e il suo Stato totalitario potevano discriminare in riferimento alle razze, e non potevano pensare se non in termini di razze e di rivoluzione antropologica, non certo in termini di appartenenze religiose, la tradizione antigiudaica vedeva restringersi necessariamente il suo mercato d'udienza.

Ciò che sfuggiva agli ultimi ripetitori di quella tradizione culturale quasi millenaria, identificabile nell'antigiudaismo di provenienza cattolica, era che il loro antigiudaismo poteva rivendicare la propria presenza in un ambiente politico totalitario nella misura in cui si fosse sottoposto a un processo preventivo di secolarizzazione tale da non entrare in conflitto con una secolarizzazione fascista che inclinava al paganesimo: pensare che lo Stato totalitario fascista mettesse a disposizione tutta la sua potenza di mobilitazione per accusare gli ebrei di deicidio o di omicidio rituale tradiva un'incomprensione – tipica, invero, di certo pensiero politico reazionario – delle caratteristiche che aveva assunto la politica nel Novecento, prima che delle caratteristiche politiche del fascismo medesimo.

La conseguenza inevitabile era che i temi della tradizione cattolica antigiudaica potevano ritagliarsi una loro udienza e uno spazio visibile, ma comunque pur sempre subordinato, solo in quanto rivelavano disponibilità a immergere le argomentazioni tradizionali, dal tema del deicidio a quello dell'omicidio rituale, nelle rapide tumultuose e fagocitanti di un antisemitismo che proprio in quegli anni stava scoprendo una esplicita vocazione totalitaria fino ad allora rimasta confinata nelle pagine degli autori antisemiti.

D'altro canto, a contribuire a questa crisi era certamente l'opposizione della Chiesa cattolica alle leggi razziali – un'opposizione rimproveratale da Farinacci, sollecito nel contrapporre alla precedente tradizione antigiudaica un più recente filosemitismo che conduceva la Chiesa a occuparsi «di questioni politiche che spettano solo al fascismo»[34] –, ma soprattutto la volontà dei teorici del regime di dare vita a una *teoria fascista dell'antisemitismo*, la quale avrebbe dovuto certamente marcare le sue differenze dall'antisemitismo tedesco, ma che non poteva non rivendicare un'autonomia anche da una cultura e un'istituzione, la Chiesa cattolica, formalmente estranee al regime.

Una delle più significative caratteristiche del razzismo fascista consistette nella formazione di un dibattito fra le varie «scuole» di teorici e di specialisti di questioni razziali, con la conseguenza che una società e un sistema politico che si volevano totalitari – e tali indubbiamente erano –, furono attraversati da discussioni, spesso molto vivaci e talvolta anche confuse, tipiche di un pluralismo di opinioni che, sia pure limitato alle questioni della razza e dell'antisemitismo, sembrava quasi stridere col monolitismo culturale che, secondo un'immagine un po' scolastica, dovrebbe contrassegnare un sistema totalitario.

È, questa, un'ulteriore riprova del fascismo quale regime di un totalitarismo «imperfetto», se non di un sistema politico autoritario ma comunque lontano dalla sua sempre ribadita vocazione totalitaria?[35] Siamo in presenza della traduzione italiana di quella «policrazia» registrata dalla storiografia nel caso del nazismo?

Quest'ultima ipotesi è da escludere, perché la «disintegrazione delle strutture formali di governo»[36], tipica del nazismo, fu lontana dal verificarsi nel caso del fascismo, dove le discussioni fra le varie posizioni antisemite e gli antagonismi fra i diversi gruppi politici del regime non misero mai in discussione la centralità dello Stato rispetto al partito.

È forse da non trascurare l'ipotesi storiografica per cui questo dibattito a più voci in un sistema totalitario potesse tradire anche un segnale di debolezza. Proprio l'assenza di una consolidata e strutturata tradizione di un antisemitismo laico e secolarizzato, non ancora del tutto emancipato dai temi della tradizione religiosa antigiudaica

[34] Farinacci, *La Chiesa e gli ebrei* cit., p. 29.

[35] Su questa posizione vedi D. Fisichella, *Totalitarismo. Un regime del nostro tempo*, La Nuova Italia Scientifica, Roma 1987, pp. 167-71.

[36] P.P. Poggio, *Nazismo e revisionismo storico*, manifestolibri, Roma 1997, p. 59.

– per intenderci: quell'antisemitismo che aveva mosso i primi passi da Alphonse Toussenel[37] –, e privo di un'ampia ricaduta politica, imponeva al regime fascista la necessità di promuovere un dibattito quanto mai articolato, coinvolgendo numerosi ambiti disciplinari e specialistici – specie di quelli che già in precedenza avevano rivelato una maggiore dimestichezza nel discutere le questioni della razza – dalla medicina all'antropologia, dalla statistica alla criminologia e alla demografia[38].

Ma è anche verosimile che il confronto fra le varie «scuole» teoriche segnala un aspetto non riconducibile al solo dibattito fascista su come impostare la lotta contro l'ebraismo, bensì all'antisemitismo europeo nel suo complesso. Riconoscere che, lungo quasi un secolo, l'antisemitismo era riuscito a strutturarsi come un universo ideologico complesso, implica anche il riconoscimento che esso rivelava qualche nodo teorico irrisolto, che non a caso si ripresentava in tutta la sua complessità proprio nel momento in cui, dalle pagine dei *pamphlets* e dei giornali, approdava nelle stanze delle istituzioni.

Proprio il dibattito fascista costituiva il precipitato più evidente di una discussione antisemita sulla determinazione della figura dell'ebreo ormai quasi secolare e ben lontana dall'essersi risolta. L'antisemitismo era nato rivendicando di essere una forma di critica della modernità liberale, interrogandosi tuttavia sull'oggetto concreto della sua polemica: come individuare l'ebreo, soprattutto in una società moderna in cui le differenze e le specificità cedevano il posto ai giganteschi processi di omologazione politico-culturale?

La delega alle scienze naturali di determinare la «razza ebraica», se per qualche aspetto sembrava fornire risultati ritenuti sicuri e soddisfacenti – presentandosi come una proiezione dell'antisemitismo stesso di essere una descrizione scientifica e avalutativa della società (valgano per tutti le pretese di Drumont di essere un sociologo e uno

[37] A. Toussenel, *Les Juifs rois de l'époque. Histoire de la féodalité financière*, ed. or. 1845, ma cit. dall'ed. Marpon & Flammarion, Paris 1886.

[38] Vedi, fra i diversi contributi, almeno C. Ipsen, *Demografia totalitaria. Il problema della popolazione nell'Italia fascista*, ed. or. 1992, Il Mulino, Bologna 1997; G. Israel, P. Nastasi, *Scienza e razza nell'Italia fascista*, Il Mulino, Bologna 1998; R. Maiocchi, *Scienza italiana e razzismo fascista*, La Nuova Italia, Scandicci (FI) 1999; Id., *Scienza e fascismo*, Carocci, Roma 2004; F. Cassata, *Molti, sani e forti. L'eugenetica in Italia*, Bollati Boringhieri, Torino 2006; Id., *Il fascismo razionale. Corrado Gini fra scienza e politica*, Carocci, Roma 2006.

psicologo)[39] –, per l'altro all'antisemitismo teorico lasciava irrisolti alcuni dubbi. Il primo di questi dubbi era che il riconoscimento per l'ebreo dell'esistenza di una «razza» sotto l'aspetto biologico provocava comunque lo slittamento verso una dimensione che scientifica e *Wertfrei* non era, rovesciandosi in un aspetto sostanzialmente religioso: se rimaneva pur sempre l'appartenenza religiosa il punto da cui muovere nella determinazione razziale, il rischio era quello di fondare qualsiasi forma di razzismo biologico sulla religione. La conseguenza era che la determinazione biologica della «razza ebraica» tradiva un sottofondo tautologico, servendo a definire quasi sempre quale «ebreo» chi ebreo riconosceva già di esserlo sotto l'aspetto religioso.

Mentre il razzismo coloniale era facilitato nel suo compito di razzizzazione, perché la naturalizzazione delle differenze era affidata al criterio della visibilità, su chi fosse da definirsi «ebreo» e, di conseguenza, su una rigorosa determinazione dell'«ebraicità», il dibattito in seno all'antisemitismo europeo ferveva fin dalle origini, presentando un ventaglio di posizioni che si era sviluppato dalla determinazione strettamente biologica alle ipotesi criptoculturaliste, che avevano preferito insistere in modo particolare sull'ebraicità. Semmai, proprio il trapasso dell'antisemitismo da atteggiamento politico e culturale antisistemico in seno alle società democratiche e pluraliste a quello di articolazione dei sistemi totalitari aveva favorito l'emersione di quel nodo irrisolto. Era un nodo aggravato dal sospetto diffuso che, essendo l'ebreo una *Gegenrasse*, un vero e proprio detrito razziale risultato da incroci sviluppatisi attraverso un periodo più che millenario, proprio una sua determinazione in senso biologico diveniva molto problematica. Anzi, il concetto nazista di *Gegenrasse*, anche se costituiva uno dei pochi punti su cui si era verificata la convergenza della tradizione dell'antisemitismo europeo, sembrava quasi riconoscere i limiti intrinseci della determinazione biologica.

[39] É. Drumont, *La Dernière bataille*, Dentu, Paris 1890, p. 114; Id., *Figures de bronze ou statues de neige*, Flammarion, Paris 1900, p. 60. Ma vedi, a titolo di puro esempio, quanto scritto da Drumont in *Le Gala de l'Opéra* e in *Un monastère au XIXe siècle. Solesmes II*, *Nos Êveques*, *La Question juive en Roumanie*, tutti in «La Libre Parole», rispettivamente 17 octobre 1893, 18 novembre 1893, 17 avril 1894, 17 août 1900. Per ulteriori riferimenti alle pretese drumontiane di presentarsi come un sociologo, vedi P. Birnbaum, *Destines juifs. De la Révolution française à Carpentras*, Calmann-Lévy, Paris 1995, pp. 109-10, il quale peraltro riferisce questa tendenza alla personalità intellettuale di Drumont, piuttosto che all'universo ideologico antisemita.

3
Paolo Orano, Giovanni Preziosi e Telesio Interlandi

In sede di giudizio storiografico, qualora comparassimo l'antisemitismo fascista a quello nazista prima dello scoppio della guerra e a quello delle destre estreme francesi nella Terza Repubblica, sarebbe necessario riconoscere che anche gli intellettuali sensibili all'antisemitismo di cui il regime poteva disporre nel 1938 erano ben lontani dal vantare una precisa originalità teorica.

Sotto l'aspetto della produzione degli stereotipi, nessuno dei teorici dell'antisemitismo fascista, da Franzì e Interlandi a Cipriani e Preziosi, riuscì a essere originale, limitandosi a riprendere, semmai rielaborandoli in funzione del panorama politico internazionale, quelli creati in precedenza dalla tradizione culturale antisemita. Quanto a ripensare l'antisemitismo all'interno del sistema totalitario, se si esclude, come si avrà modo di vedere, il gruppo di teorici che si richiamava alle tesi del «razzismo spirituale», e in particolare Julius Evola, pressoché tutti gli altri ideologi del razzismo e dell'antisemitismo furono indotti a presentare questi temi come una semplicistica sovrapposizione sul precedente sistema ideologico, senza discutere le eventuali variazioni che proprio quei due temi provocavano nel sistema ideologico fascista.

Pigrizia argomentativa dell'immaginario dell'antisemitismo fascista? Povertà intellettuale dei suoi teorici? Questo limite, che del resto il fascismo condivise con tutto l'antisemitismo europeo degli anni Venti-Trenta, sia di quello fattosi Stato che di quello che nei paesi democratici si collocava su posizioni antisistemiche, è da addebitare a un immaginario antisemita pressoché completato già alla fine dell'Ottocento.

A muovere dall'*Affaire Dreyfus*, l'antisemitismo era una dottrina alla ricerca delle baionette; ai teorici e agli agitatori successivi non restava che riprendere quegli stereotipi, per aggiornarli in funzione della battaglia politica cui erano chiamati[1]. Lo stesso stereotipo di «giudeobolscevismo», giudicato in sede storiografica «il più pericoloso dei miti politici»[2], e ricorrente nella pubblicistica fascista dal 1938, se era diventato poco più che un *Leitmotiv* dell'antisemitismo del dopoguerra, non peraltro risultava la piatta traduzione dell'identità ebreo-rivoluzionario ampiamente presente nell'antisemitismo di fine Ottocento, il quale aveva provveduto all'ebreizzazione del pope Gapon, di Engels e dell'immancabile Marat[3]. La rivoluzione insomma, a cominciare da quella francese per finire al ben più cruento e sanguinario bolscevismo, era un crimine rituale di massa perpetrato non più sul corpo dei bambini, ma sull'intero corpo sociale: «la maggior parte dei cinici sperimentatori sociali – si sosteneva in sede dell'ufficiale *Dizionario di politica* – che hanno fatto del popolo russo la materia delle loro sanguinose esperienze, appartiene alla razza ebraica; così come in gran parte vi appartengono in tutti i paesi gli elementi dirigenti dei partiti di sinistra»[4].

[1] Ma vedi, in proposito, H. Arendt, *Le tecniche della scienza sociale e lo studio dei campi di concentramento*, in «Jewish Social Studies», 1950, 12/1, ma cit. da Id., *L'immagine dell'inferno. Scritti sul totalitarismo*, ed. or. 1994, trad. it., Editori Riuniti, Roma 2001, p. 116, poi in Id., *Antologia. Pensiero, azione e critica nell'epoca dei totalitarismi*, a cura di P. Costa, Feltrinelli, Milano 2006, p. 59. Per una conferma di questo giudizio in sede di dibattito storiografico, vedi R.S. Wistrich, *Hitler, l'Europe et la Shoah*, ed. or. 2001, trad. fr., Albin Michel, Paris 2005, p. 32.

[2] Così in Wistrich, *Hitler, l'Europe et la Shoah* cit., p. 15.

[3] Per Gapon, vedi quanto scrive É. Drumont, *Du lieux à la Dynamite*, in «La Libre Parole», 24 janvier 1905; per Engels vedi Id., *Friedéric Engels*, in «La Libre Parole», 13 août 1895; per Marat, vedi quanto scrive J. Brisecou, *La grande conjuration organisée pour la ruine de la France*, 1887, s.a.i., p. 3. Lo stereotipo dell'ebraicità di Marat compare anche nell'antisemitismo fascista, vedi F. Scardaoni, *L'ombra giudaica sulla Francia*, in «La Difesa della Razza», 5 settembre 1938, 3, p. 34; P. Pellicano, *Le Potenze Occulte*, in «La Vita Italiana», 1939, giugno, CCCXV, p. 767. Sulla diffusione di questo stereotipo nell'immaginario antisemita, vedi H. Rousso, *Le «juif Marat». Antisémitisme et Contre-Révolution, 1886-1944 (Drumont, Daudet, Céline, Bernardini)*, in «L'Infini», 1989, autumne, 3, pp. 53-60.

[4] Così S. Malvagna, *Ebrei*, in Partito nazionale fascista, *Dizionario di politica*, Istituto della Enciclopedia Italiana, Roma 1940, vol. II, *E/L*, p. 5.

A questo motivo di natura continentale si associava la constatazione che la tradizione antisemita italiana non poteva esibire né un Drumont, né un Fritsch o un Chamberlain ovvero, per rimanere agli autori ancora viventi nel 1938, un Maurras o addirittura uno dei padri della storia dell'economia, Werner Sombart. Non era un caso che nell'*Antisemiten-Katechismus* di Fritsch, uno dei testi fondamentali del pensiero politico antisemita europeo, non c'erano riferimenti ad autori italiani[5]. Se, qualche anno dopo la sua pubblicazione, la *France juive* di Drumont aveva trovato una traduzione tedesca[6] e i *Grundlagen* di Chamberlain una francese[7], per reperire una traduzione all'estero di un saggio di un autore antisemita italiano bisognerà attendere il 1933, con la traduzione tedesca di un testo, *Imperialismo pagano* – dove peraltro i temi antisemiti figuravano quale articolazione di un più generale progetto filosofico-politico di impianto tradizionalista – con cui Julius Evola esordiva sul mercato nazista delle idee[8]. Lo stesso Evola, nei due testi dottrinari successivi, *Il mito del sangue* e la *Sintesi di dottrina della razza*[9] in cui dava sistemazione alle sue posizioni di «razzismo spirituale», sarebbe stato costretto a riferirsi quasi sempre ai «classici» stranieri del razzismo, da Gobineau a Rosenberg. Nei pochi casi

[5] T. Fritsch, *Antisemiten-Katechismus. Eine Zusammenstellung des wichtigsten Materials zum Verständnis der Judenfrage*, ed. or. 1887, ma cit. dall'ed. Verlag von Theodor Fritsch, Leipzig 1890. L'unica citazione da un autore italiano era ripresa dallo *Spaccio della bestia trionfante* di Giordano Bruno, pp. 37-38. Sul testo di Fritsch, un vero e proprio classico dell'antisemitismo, più volte ristampato con variazioni, e sulle posizioni politiche del suo autore, molte notizie in M. Ferrari Zumbini, *Le radici del male. L'antisemitismo in Germania: da Bismarck a Hitler*, Il Mulino, Bologna 2001, in partic. pp. 411-552.

[6] E. Drumont, *La France juive. Essai d'histoire contemporaine*, Marpon & Flammarion, Paris 1886 (trad. ted. col titolo *Der Verjudete Frankreich. Versuch eines Tagesgeschichte*, Deubner, Berlin 1890).

[7] H.S. Chamberlain, *Die Grundlagen des Neunzehnten Jahrhunderts*, F. Bruckmann, München 1899 (trad. fr. col titolo *La Genèse du XIX siècle*, Delachaux et Niestlé, Neuchâtel 1913).

[8] J. Evola, *Imperialismo pagano. Il fascismo dinanzi al pericolo euro-cristiano*, Atanòr, Roma 1928, ma cit. dalla ristampa, Edizioni di Ar, Padova 1996, trad. tedesca, con qualche variazione nel testo, col titolo *Heidnischer Imperialismus*, Armanen-Verlag, Berlin 1933. Del testo tedesco esiste una retroversione italiana pubblicata da una casa editrice del radicalismo di destra, *Imperialismo pagano*, Centro Studi Tradizionali, Treviso 1991.

[9] J. Evola, *Il mito del sangue*, Hoepli, Milano 1937, ma cit. dalla ristampa della II ed. del 1942 accresciuta e riveduta, SeaR, Bolzano di Albinea (RE) 1992; Id., *Sintesi di dottrina della razza*, Hoepli, Milano 1941.

in cui comparivano riferimenti ad autori italiani, Evola non mancava di prenderne decisamente le distanze, come nel caso di Lombroso, accusato di avere stabilito «aberranti relazioni fra la genialità e l'anormalità»[10], ovvero di uno dei padri riconosciuti dell'antropologia italiana di fine Ottocento, Giuseppe Sergi, la cui inclinazione a distinguere nella «razza mediterranea» una componente europea e una africana, era «senz'altro da rigettarsi e, dal punto di vista del razzismo pratico, soprattutto di quello italiano, è fra le più pericolose»[11].

Per richiamare autori fascisti, come Orano, Preziosi e Interlandi (diverso è il caso di Evola, su cui ritorneremo) i quali potevano presentare una produzione pubblicistica di chiara intonazione antisemita negli anni precedenti il 1938, anche nel loro caso è ben difficile parlare di una originalità teorico-politica.

In Orano certamente le istanze antisemite erano di lunga data, rimontando forse a un suo libro di fine secolo, *Cristo e Quirino*[12], per poi trovare uno sbocco nel libro del 1937 sull'ebraismo italiano[13].

È il caso di dire che l'importanza del libro di Orano sugli ebrei italiani è da ricondurre all'importanza politica dell'autore, molto vicino a Mussolini e con una posizione di tutto rilievo nell'ambito della politica culturale del regime fascista. E tuttavia, proprio *Gli ebrei in Italia*, qualora lo si collocasse lungo le linee dell'antisemitismo europeo della seconda metà degli anni Trenta, tradiva un'arretratezza teorica impressionante, almeno per quanto concerneva la polemica contro il sionismo («assurdo è il sionismo in Italia, criminoso il legame con l'ebraismo degli altri paesi così detti democratici e socialisti»)[14] quale aspetto dell'infedeltà dell'ebreo alla propria nazione d'origine. Era un tema a dir poco superato dall'agenda dell'antisemitismo teorico

[10] Id., *Il mito del sangue* cit., p. 232.

[11] Id., *Sintesi di dottrina della razza* cit., p. 74.

[12] P. Orano, *Cristo e Quirino*, Franco Campitelli, Foligno 1928. Il volume era stato più volte edito; la prima edizione era uscita col titolo *Il problema del cristianesimo*, Lux, Roma 1898. Su alcune affermazioni antigiudaiche presenti nel volume, che peraltro aveva attirato anche l'attenzione di intellettuali come Tarde e Sorel, vedi F. Germinario, *Latinità, antimeridionalismo e antisemitismo negli scritti giovanili di Paolo Orano*, in A. Burgio (a cura di), *Nel nome della razza. Il razzismo nella storia d'Italia (1870-1945)*, Atti del convegno «Nel nome della razza. Il razzismo nella storia d'Italia (1870-1945)», Bologna 13-15 novembre 1997, Il Mulino, Bologna 1999, pp. 109-10.

[13] P. Orano, *Gli ebrei in Italia*, Pinciana, Roma 1937.

[14] Ivi, p. 221.

europeo – il quale, tra l'altro, alla fine del secolo non aveva mancato di esibire persino un sospetto e interessato filosionismo[15] –, se è vero che uno degli ultimi contributi più significativi sul tema era dovuto a un *pamphlet* di Alfred Rosenberg[16]. La critica antisemita del sionismo non la si ritrovava certamente nel *Mein Kampf* e compariva solo a tratti nella più significativa pubblicistica dell'antisemitismo francese da Léon Daudet e Maurras a Brasillach e Céline.

La strategia che Orano proponeva agli ebrei italiani era quella di deebreizzarsi e di abbandonare qualsiasi identità religioso-culturale, quale condizione per essere considerati fascisti e italiani a tutti gli effetti. Era una proposta valida forse nel 1937, quando si avvertiva l'eco delle precedenti polemiche di Preziosi e Interlandi contro il sionismo, ma assolutamente impraticabile l'anno successivo, al momento della pubblicazione del *Manifesto della razza*, quando ormai l'ebraicità, sussunta in una dimensione biologica e «scientifica», era declinata quale dato razziale biologicamente incancellabile. Infatti, il libro di Orano poteva essere utilizzato per avviare la campagna antisemita, richiamando un tema, quello della doppia fedeltà dell'ebreo alla propria nazione, cui certamente l'ideologia fascista, a esplicita vocazione nazionalista, non poteva che essere particolarmente sensibile. Il testo però tradiva un'impostazione ottocentesca che ben difficilmente poteva soddisfare le richieste del razzismo biologico, interessato a discussioni «scientifiche» sulla razza, e neanche quelle del «razzismo spirituale», molto attento alle implicazioni totalitarie dell'antisemitismo.

Che quello di Orano fosse un antisemitismo ormai politicamente inutilizzabile, trova una conferma nella constatazione che, a poco più di due anni dalla pubblicazione de *Gli ebrei in Italia*, e ormai in piena campagna razziale, toccava a Giulio Cogni, esponente della corrente del «razzismo biologico», respingere ormai come inutilizzabile il libro di Orano, considerato che esso svolgeva «concetti oggi non più interamente accettabili, ma che nondimeno hanno contribuito a suo tempo alla chiarificazione del problema ebraico, meno da un punto di vista razzistico che politico e sociale»[17]. Quello

[15] Vedi, a titolo di puro esempio, quanto aveva scritto É. Drumont, *Le Congrès Sioniste*, in «La Libre Parole», 20 août 1907.

[16] A. Rosenberg, *Die staatfeindliche Zionismus*, Ehre, München 1938.

[17] G. Landra, G. Cogni, *Piccola bibliografia razziale*, Ulpiano, Roma 1939, p. 75 (la pagina del libro da cui si cita è scritta da Cogni).

dell'infedeltà dell'ebreo, specie del sionista, alla nazione era stato naturalmente un tema ricorrente nell'antisemitismo dall'ultimo trentennio dell'Ottocento alla guerra; ma, a partire dagli anni Trenta, era stato progressivamente abbandonato, a vantaggio della centralità che, dallo scoppio della rivoluzione russa, era venuta man mano ricoprendo lo stereotipo del «giudeobolscevismo» e, più in generale, di un processo di riflessione teorica che, già in atto alla fine del secolo in tutta la cultura politica antisemita, ormai si rivelava molto avanzato, di razzizzazione della figura dell'ebreo. Probabilmente è dovuto a quest'arretratezza teorica il fatto che, nel pur vasto dibattito sulla razza seguito alla svolta del 1938, malgrado la sua quasi quarantennale attenzione polemica per le questioni dell'ebraismo, e la sua posizione di intellettuale fedele al regime e in stretti rapporti con Mussolini e le alte gerarchie del regime, Orano ricoprì una posizione nel complesso abbastanza secondaria e, se si esclude la cura di un'antologia di testi razzisti nel 1939[18], quasi del tutto priva di contributi significativi.

Quanto a Preziosi, la sua figura è, a nostro avviso, da ridimensionare sotto l'aspetto dottrinario.

Intanto, l'antisemitismo di Preziosi presenta indubbiamente una continuità, nel senso che fu pressoché presente lungo quasi tutta la sua milizia politica. Tuttavia, l'antisemitismo del Preziosi del primo dopoguerra presentava almeno una differenza rispetto a quello successivo al 1938. Nel primo caso si trattava di un antisemitismo antisistemico, ossia di un antisemitismo che si poneva come metafora di un'opposizione radicale e decisa alla società liberale. Tuttavia, sarebbe ben difficile sostenere che quell'antisemitismo fosse politicamente così maturo e consapevole da domandare una rivoluzione antropologica. Sotto quest'aspetto, rispetto all'antisemitismo *fin de siècle*, populista e agitatorio, il primo antisemitismo di Preziosi rivelava certamente istanze antipluraliste e antidemocratiche, ma era ancora lontano dal radicalismo politico che l'antisemitismo europeo aveva maturato già da decenni. L'antisemitismo del Preziosi del primo dopoguerra vedeva negli ebrei, volta a volta, la razza che, attraverso alcuni suoi esponenti, dirigeva uno Stato liberale debole, ovvero quella che in Italia, come in Germania, Russia e Ungheria, ispi-

[18] P. Orano, *Inchiesta sulla razza*, Pinciana, Roma 1939.

rava i piani della sovversione. Nel 1938 si poteva insistere sul secondo tema; ma evidentemente il primo non trovava riscontro nella situazione politica italiana. Si era modificato in modo evidente *l'obiettivo politico dell'antisemitismo*: distrutti il sistema parlamentare e la società liberale, avviata da tempo la prospettiva di dare vita al sistema totalitario, si trattava semmai di utilizzare l'antisemitismo per accelerare quest'ultimo processo.

Sul piano dell'originalità teorico-politica di Preziosi, malgrado egli fosse stato l'editore nel 1921 della prima edizione italiana dei *Protocolli* e dalle pagine del mensile «La Vita Italiana» avesse sempre pubblicato articoli antisemiti, siamo davanti alla personalità di un giornalista specializzato in polemiche politiche, e per questo costretto a inseguire la quotidianità per orientare il suo lavoro di polemista; di conseguenza, sol che si osservi la sua produzione pubblicistica, risulta chiaro che fosse un autore poco incline alla riflessione teorico-politica[19]. In Preziosi è da vedere la figura di mediazione fra alcuni settori di teorici, in particolare quelli legati al «razzismo spirituale», e il mondo della politica e del regime. La sua ormai quasi trentennale milizia politica nelle fila del nazionalismo prima e del fascismo poi, e soprattutto i suoi rapporti consolidati col settore politicamente più radicale del fascismo, a cominciare da Farinacci, lo candidavano necessariamente al compito di amplificatore e traduttore politico di quanto i teorici del razzismo venivano pubblicando sulle riviste, più che a quello di teorico del razzismo e dell'antisemitismo.

Piuttosto che un dottrinario portato a teorizzare, in Preziosi sarebbe forse più opportuno vedere la mente politica del settore più radicale dell'antisemitismo fascista, il razzismo «spirituale», essendo il delegato a tradurre in polemica politica con alcuni esponenti delle alte e medie gerarchie del regime quanto intellettuali come Scali-

[19] Su Preziosi sono sufficienti i dati biografici in A.A. Mola, *Preziosi, Giovanni*, in V. de Grazia, S. Luzzatto (a cura di), *Dizionario del fascismo*, Einaudi, Torino 2003, vol. II, *L-Z*, pp. 422-23. Per una maggiore articolazione del nostro giudizio storiografico su Preziosi, vedi E. Collotti, *Il fascismo e gli ebrei. Le leggi razziali in Italia*, Laterza, Roma-Bari 2005, p. 50; F. Germinario, *Antisemitismo senza ebrei. I temi dell'attività pubblicistica dell'ultimo Preziosi (1943-1945)*, in M. Sarfatti (a cura di), *La Repubblica sociale italiana a Desenzano: Giovanni Preziosi e l'Ispettorato generale per la razza*, Giuntina, Firenze 2008, pp. 86-87. Sensibilmente differente il giudizio di G.L. Mosse, *Il razzismo in Europa. Dalle origini all'olocausto*, ed. or., 1978, Laterza, Roma-Bari 1980, ma cit. dall'ed. 1985, p. 216.

gero ed Evola avevano elaborato in sede di discussione teorica. Una riprova significativa è che quando nel 1937 Preziosi ristampò i *Protocolli*, preferì affidare a Evola la nuova *Introduzione* al testo[20].

D'altro canto, la conoscenza da parte di Preziosi della tradizione culturale antisemita era probabilmente approssimativa e lacunosa, limitata alla conoscenza di qualche autore (Gohier e forse Maurras), dipendendo probabilmente dagli intellettuali che gravitavano attorno alla «Vita Italiana» e dai rapporti che costoro avevano istituito con gli intellettuali stranieri. Prima che antisemita, Preziosi era uno dei leader del radicalismo totalitario fascista; anzi, senza alcuna forzatura, si potrebbe osservare che era un antisemita perché l'antisemitismo ben rientrava quale componente politico-culturale del radicalismo fascista. Antisemita fin dai primi anni Venti, Preziosi aveva in seguito alimentato il proprio antisemitismo in funzione di una radicalizzazione in senso totalitario del regime fascista; non a caso, a muovere dall'introduzione della legislazione del 1938, per arrivare ai venti mesi della Repubblica sociale[21], Preziosi utilizzò sempre l'antisemitismo per innescare decise polemiche politiche, accusando e combattendo quelli che riteneva i cedimenti politici, se non un vero e proprio tradimento, di alcuni settori politicamente «moderati» del regime.

In ogni caso, almeno sul piano strettamente dottrinario, se Orano non era Chamberlain, Preziosi non era Drumont – men che meno il Drumont che rivendicava di ispirarsi a Taine («Taine ha scritto la *Conquista giacobina*. Io intendo scrivere la *Conquista ebraica*», era stato il celebre *incipit* della *France juive*)[22] – e neanche un Gohier. Di quest'ultimo poteva condividere certamente l'impegno nel giornalismo e l'attività di editore dei *Protocolli*, ma non la sufficiente potenza teorica e un frenetico attivismo da *pamphletaire* che avevano con-

[20] J. Evola, *Introduzione* a *L'Internazionale ebraica. I «Protocolli» dei «Savi anziani» di Sion*, «La Vita Italiana», Roma 1937, pp. 9-32.

[21] Vedi Italicus [ma G. Preziosi], *Il tradimento di Badoglio*, Mondadori, Milano 1944.

[22] Drumont, *La France juive* cit., t. I, p. V; ma vedi anche quanto scrive in Id., *La Dernière bataille. Nouvelle étude psychologique et sociale*, Dentu, Paris 1890, p. 23, e in Id., *A propos de la grève générale*, in «La Libre Parole», 18 avril 1901. Il paragone fra Taine e Drumont è un tema ricorrente nel dibattito politico dell'antisemitismo francese. A titolo di puro esempio, vedi L. Daudet, *Édouard Drumont*, in «La Libre Parole», 13 avril 1902 e A. Croquez, *Edouard Drumont*, Nouvelle Librairie Nationale, Paris 1909, p. 36.

dotto il pubblicista francese, peraltro formatosi alla scuola dell'antisemitismo di Drumont e del quotidiano «La Libre Parole», a dare alle stampe alcuni falsi cospirazionisti già qualche anno prima che i *Protocolli* circolassero nell'Europa occidentale[23].

Del resto, la rivista di Preziosi, «La Vita Italiana», non è riducibile solo all'antisemitismo, che pure in quelle pagine trovava sovente un'ospitalità molto generosa. La tradizione culturale della rivista era tutt'altro che da disprezzare, non foss'altro perché, almeno fino ai primi anni Venti, le sue colonne avevano generosamente offerto ospitalità ad alcuni dei maggiori economisti, da Pantaleoni e Pareto a Graziani, presentandosi come una delle palestre del liberismo italiano. Era stato proprio Pantaleoni, del resto, che non solo aveva fatto conoscere a Preziosi nell'immediato dopoguerra il testo dei *Protocolli*; ma aveva anche agito da nume tutelare della rivista, favorendo la collaborazione di alcuni suoi allievi, fra i quali, ad esempio, una giovane promessa del pensiero economico italiano di orientamento liberista, come il teorico sindacalista rivoluzionario Nicola Trevisonno[24]. È il caso di dire che, così come, quasi un ventennio prima, Preziosi aveva mosso da Pantaleoni e Pareto per promuovere le sue polemiche liberiste, nel corso degli anni Trenta ricorreva alle elaborazioni dei teorici del «razzismo spirituale» per promuovere le sue polemiche in chiave antisemita.

«La Vita Italiana», poi, se aveva sempre mantenuto ben ferma la linea dell'antisemitismo, lungo il quindicennio precedente si era comunque caratterizzata anche per essere un punto di riferimento di alcune figure del fascismo sospettate di eresia ideologica e politica.

[23] Isidor Nathan Goldlust [pseud. di U. Gohier], *A nous la France!*, Cracovie 1913 [in realtà, Fasquelle, Paris 1913]; Id., *La race a parlé*, La Renaissance du livre, Paris 1916. Per l'edizione francese dei *Protocolli* promossa da Gohier, vedi *«Protocols». Procès-verbaux de réunions secrètes des Sages d'Israël*, Editions de «La Vieille France», Paris 1920 (l'*Introduction* all'ed. fr., non firmata, ma certamente opera di Gohier, vedila ora in P.-A. Taguieff, dir. da, *Les Protocoles des sages de Sion*, Berg International, Paris 1992, vol. II, pp. 622-29). Sulla figura e l'attività pubblicistica di Gohier numerose notizie ivi, nonché nella voce di G. Kauffmann, *Urbain Gohier (Degoulet-Gohier, dit)*, in P.-A. Taguieff (dir. da), *L'antisémitisme de plume. 1940-1944. Études et documents*, Berg International, Paris 1999, pp. 412-18.

[24] Vedi, a titolo di puro esempio, N. Trevisonno, *Il metodo tedesco per la conquista dei mercati esteri II. La Banca Commerciale e le industrie che controlla*, in «La Vita Italiana», 1916, luglio, XLII, pp. 65-73.

Infatti, non di rado sulla rivista avevano trovato ospitalità alcune critiche al regime anche dure e su argomenti politici molto delicati, che non sempre coincidevano con le posizioni del settore rivoluzionario e farinacciano che più spingeva verso il totalitarismo[25]. Erano posizioni che trovavano un loro spazio in quanto utili alla strategia perseguita da Preziosi di mantenere alto il tenore della polemica politica con i settori moderati del regime.

Ancor più scarse, infine, sono da considerare le capacità di elaborazione e di innovazione teorica di Telesio Interlandi, maggiore esponente del razzismo a sfondo biologico e direttore della «Difesa della Razza». Com'è stato osservato, Interlandi era «un gazzettiere, non un sociologo»[26]. Il suo scritto più significativo, *Contra Judaeos*, uscito proprio all'indomani dell'introduzione delle leggi razziali, costituiva una raccolta degli articoli antisemiti pubblicati in precedenza sul quotidiano da lui diretto, «Il Tevere».

Se a Orano, ma soprattutto a Preziosi, è necessario riconoscere almeno una discreta conoscenza della ricca tradizione culturale dell'antisemitismo europeo, mediata, come nel caso di Preziosi, dagli interessi e dagli orientamenti di un Evola e del gruppo del «razzismo spirituale», nel caso di Interlandi risulta difficile pensare a una sua conoscenza adeguata di quella tradizione. L'immediatezza richiesta dalla professione di giornalista appartenente all'ala estremista del fascismo faceva aggio sulla necessità di approfondire la conoscenza di un universo ideologico, quello dell'antisemitismo europeo, che datava ormai da quasi un secolo, e che era stato contrassegnato da un dibattito al suo interno quanto mai ricco e variegato. È da dubitare, insomma, che Interlandi si fosse mai confrontato con i «classici» del pensiero politico antisemita europeo, da Chamberlain a Drumont. E la prova è da rintracciare proprio nel suo *Contra Judaeos*, dove, in quello che era il suo scritto meno occasionale, un articolo in cui si discuteva la pretesa identità fra gli inglesi e gli ebrei[27], Interlandi for-

[25] Vedi, ad esempio, le critiche alla politica economica dell'autarchia formulate da un economista fascista come A. Lanzillo, *Ciò che è provvisorio e ciò che sarà definitivo*, in «La Vita Italiana», 1936, febbraio, CCLXXV, pp. 151-61, ma cit. dall'estratto, pp. 5-15.

[26] D. Padovan, *Le scienze sociali durante il fascismo fra razza e nazione, biologia e cultura*, in «Razzismo & Modernità», 2001, gennaio-giugno, 1, p. 80.

[27] Vedi T. Interlandi, *Contra Judaeos*, Tumminelli & C., Roma 1938, pp. 35-38, 41-45.

niva l'impressione di ignorare in modo palese che proprio quella identità era stata presente alle origini medesime dell'antisemitismo contemporaneo, avendo costituito addirittura uno dei punti forti dell'antisemitismo *fin de siècle*, con le prese di posizione, fra gli altri, di Drumont e Maurras, e con qualche eco anche in Marr[28].

[28] Il tema è stato quasi del tutto trascurato nella bibliografia sull'antisemitismo. Per un primo approccio, vedi F. Germinario, *Ebrei, inglesi, cinesi, mongoli e tartari: materiali sul procedimento di ebreizzazione nella cultura politica dell'immaginario antisemita*, in «Il presente e la storia», 2006, 70, pp. 293-335.

4
La critica fascista alla tradizione razzialista italiana

Riproposizione in modo surrettizio di una visione riduttiva della tradizione dell'antisemitismo e del razzismo italiani – e, per riflesso, dell'antisemitismo fascista –, poco più che un luogo comune autoassolutorio, del tutto demolito dalla storiografia degli ultimi decenni? Un crocianesimo di ritorno, intenzionato a leggere l'antisemitismo quale parentesi del regime fascista, se non come una violazione dell'ideologia fascista perpetrata a opera del regime?

Già in sede storiografica è stata avanzata l'ipotesi di un'«onda lunga» in riferimento al razzismo italiano[1]. L'ipotesi è sicuramente condivisibile all'interno di un quadro interpretativo che valorizzi la tendenza del fascismo a elaborare una propria strategia razzista e antisemita, contrassegnata da un ben visibile scarto rispetto alla tradizione culturale italiana di orientamento «razzialista»[2]. Il razzismo e l'antisemitismo fascisti, pur con qualche eccezione significativa[3], rivelarono spesso una diffidenza profonda nei confronti della tradizione culturale razzialista italiana.

Piuttosto che l'antropologia razzialista ottocentesca, alcuni indizi

[1] Così E. Collotti, *Il fascismo e gli ebrei. Le leggi razziali in Italia*, Laterza, Roma-Bari 2005, p. 5.

[2] Sul concetto di «razzialismo», vedi P.-A. Taguieff, *La couleur et le sang. Doctrines racistes à la française*, Mille et une nuits, Paris 1998, pp. 12 sgg. (nuova ed., 2002, pp. 17 sgg.).

[3] Vedi, ad esempio, il giudizio positivo di Cipriani su Mantegazza, in L. Cipriani, *Fascismo razzista*, Tumminelli & C., Roma 1940, p. 99.

tradiscono che il punto di riferimento scelto dagli intellettuali razzisti fu un autore, Alfredo Oriani, già ampiamente fascistizzato negli anni precedenti su ispirazione dello stesso Mussolini[4], e del quale qualche anno prima (1933) era stata appena pubblicata l'edizione completa della sua opera.

Anche se lo scrittore romagnolo era stato lontano da suggestioni antropologiche, in Oriani il razzismo fascista poteva comunque rintracciare una commistione di celebrazione dell'espansionismo imperialista e delle aristocrazie politiche, di critica del parlamentarismo e di richiamo alle tradizioni nazionali, certamente utili per impostare la campagna razziale. Così era l'Oriani africanista e teorico delle aristocrazie politiche a essere talvolta richiamato per teorizzare la necessità che sono «i pochi eletti che s'impongono alle moltitudini per sorreggerle e guidarle»[5]; il tutto, naturalmente, in nome dell'«istinto dominatore di pochi» e della «volontà veggente degli spiriti superiori»[6], entrambi elevati a principi metafisici, prima che spirituali, che legittimavano sia la scelta politica di applicare una rigorosa separazione tra le razze nelle colonie sia la scelta dell'antisemitismo.

Era stato il *Manifesto della razza* a sancire già in prima istanza la necessità di distaccarsi dalla tradizione razzialista italiana, quando, al punto ottavo, aveva sancito che erano «da considerarsi pericolose le teorie che sostengono l'origine africana di alcuni popoli europei e comprendono in una comune razza mediterranea anche le popolazioni semitiche e camitiche stabilendo relazioni e simpatie ideologiche assolute inammissibili»[7]. Interlandi, all'indomani della pubblicazione del *Manifesto della razza*, aveva colto quell'occasione per polemizzare contro i settori della scienza italiana «che negano l'impostazione del problema razziale [...] [e] si oppongono, in base a teorie scientificamente claudicanti, [...] ad ogni discussione che meno-

[4] Vedi G. Spadolini, *Oriani oggi (Prolusione al convegno)* e L. Mangoni, *Alfredo Oriani e la cultura del suo tempo*, entrambi in E. Dirani (a cura di), *Alfredo Oriani e la cultura del suo tempo*, Atti del convegno su «Orianesimo e 'Stato nazionale' nel primo '900», Ravenna, 24-25 febbraio 1985, Longo, Ravenna 1985, rispettivamente pp. 21-33, 71-84.

[5] A. Banzi, *Razzismo fascista*, Libreria Agape, Palermo 1939, p. 31.

[6] Entrambe le citazioni ivi (per i richiami a Oriani, vedi ivi, pp. 30, 32).

[7] *Manifesto della razza*, ristampa in A. Cavaglion, G.P. Romagnani, *Le interdizioni del Duce. A cinquant'anni dalle leggi razziali in Italia (1938-1988)*, Albert Meynier, Torino 1988, p. 26.

mi i luoghi comuni d'una antropologia fondata sul dogma laico dell'uguaglianza degli uomini»[8]. A fronte di questa tradizione scientifica, si era invece levata «una giovane scuola italiana, [i firmatari del *Manifesto della razza*] – osservava il direttore del «Tevere» – scientificamente solida, spregiudicata nei confronti dei vecchi luoghi comuni, sensibile alle necessità politiche»[9].

Una posizione più cauta, ma che comunque rivendicava la necessità di procedere oltre la tradizione razzialista italiana, era espressa da Landra. In una breve rassegna sulla tradizione italiana di studi sulla razza, Landra osservava che la nuova dottrina della razza «vuole essere non già un tradimento della tradizione italiana ma *un superamento e un rinnovamento secondo una nuova originale concezione*»[10]. A guerra in corso, quando ormai erano più che evidenti i segnali di una sconfitta politica, oltre che militare, del regime, era Evola a stilare un ulteriore atto d'accusa contro la tradizione scientifica italiana. Ad avviso di Evola, quest'ultima era distante dalle istanze razziste espresse dal regime fascista: «la nostra biologia, la nostra antropologia, la nostra paleontologia [...] sono restate più o meno sulle posizioni dell'evoluzionismo darwinista, salvo qualche lieve ritocco d'intonazione trasformista»[11].

Dal «razzismo biologico» al «razzismo spirituale», quest'atteggiamento di opposizione nei confronti della tradizione culturale razzialista italiana attraversò in modo trasversale le correnti del razzismo e dell'antisemitismo fascista, costituendo uno dei pochi punti di convergenza.

Abbiamo già visto Evola denunciare le insufficienze della tradizione razzialista italiana, non mancando di concentrare la sua critica in particolare su Sergi. Ebbene, anche Landra denunciava forti dubbi su Sergi, il quale, quasi un quarantennio prima, aveva utilizzato le sue ricerche craniologiche per dare vita a una «costruzione spesso errata ed astrusa che è la conseguenza di una visione troppo unilaterale del problema»[12]. Le posizioni antropologiche di Sergi, ribadiva Mag-

[8] T. Interlandi, *Contra Judaeos*, Tumminelli & C., Roma 1938, pp. 101-102.

[9] Ivi, p. 103.

[10] G. Landra, *Gli studi sulla razza in Italia prima del razzismo*, in «La Difesa della Razza», 20 febbraio 1939, 8, p. 20 (corsivo aggiunto).

[11] J. Evola, *Evoluzione ed involuzione. La scimmia deriva dall'uomo?*, in «La Stampa», 14 giugno 1943, ma cit. da Id., *I testi de «La Stampa»*, a cura di G. Damiano, Edizioni di Ar, Padova 2003, p. 62.

[12] G. Landra, G. Cogni, *Piccola bibliografia razziale*, Ulpiano, Roma 1939, p. 20.

giore in sede di dibattito dottrinario, erano da ritenersi inaccettabili perché «spartiva[no] la popolazione italica, dal punto di vista razziale, come una torta, tra Affrica e Asia, senza lasciarne una briciola agli italiani»[13]. Le critiche a Sergi, oltre a essere ribadite sulla «Difesa della Razza»[14], erano così correnti che era stato Preziosi ad accusare Acerbo di avere ripreso le vecchie teorie dell'antropologo sull'esistenza di una «razza mediterranea», una teoria «insostenibile [...] nella sua edizione originale», e ancor meno dopo «la chiara impostazione della questione della razza fatta dal Regime»[15]. Per comprendere come fosse inutilizzabile la tradizione antropologica italiana, rilevava a sua volta Landra, era il caso di osservare che, negli stessi anni in cui la Francia poteva vantare le opere di Vacher de Lapouge e la Germania l'opera di Chamberlain, in Italia «si scriveva di razza per denigrare, come una putrida mescolanza di meticci, la razza italiana»[16]. Negli studi attinenti la razza, era l'accusa formulata da Landra, «la letteratura antropologica italiana si mostra più povera di contenuti»[17].

Quanto all'altra autorità della tradizione antropologica italiana – e in quest'ultimo caso si trattava di un'autorità dell'antropologia europea –, Lombroso, era evidente che si era in presenza di un autore che non poteva svolgere in nessun modo il ruolo di punto di riferimento, se non in negativo, considerate le sue origini ebraiche. Già nel corso della temperie dell'*Affaire Dreyfus*, erano stati Drumont e i pubblicisti antisemiti vicini alle sue posizioni a liquidare l'autorità scientifica di Lombroso, accampando sia le origini ebraiche del criminologo italiano che le sue prese di posizione a favore del fronte filodreyfusardo. Così, secondo Drumont, in quanto ebreo, Lombroso era affetto da «lesioni al cervello»[18]; per un altro autore antisemita vicino a Drumont, Vial, la

[13] G. Maggiore, *Razza e fascismo*, Libreria Agape, Palermo 1939, p. 119 (ma vedi anche p. 94).

[14] Vedi G. Marro, *Razzismo vero razzismo spurio*, in «La Difesa della Razza», 5 giugno 1942, 15, pp. 3-6.

[15] G. Preziosi, *Per la serietà degli studi italiani sulla razza*, in «La Vita Italiana», 1940, agosto, CCCXXIX, p. 144.

[16] Landra, Cogni, *Piccola bibliografia razzista* cit., p. 82.

[17] Ivi, p. 30.

[18] É. Drumont, *La gloire de Brutus*, in «La Libre Parole», 18 août 1894; ma vedi anche quanto scrive in Id., *Ferrero et l'antisémitisme*, in «La Libre Parole», 4 mars 1909. Qualche cenno alle polemiche di Drumont contro Lombroso in H. Rollin, *L'apocalypse de notre temps. Les dessous de la propagande allemande d'après les documents inédits*, ed. or. 1939, ma cit. dalla ristampa, Allia, Paris 1991, p. 347.

teoria del criminale-nato era stata inventata da Lombroso per «demolire il Vangelo»; per cui, considerata l'ebraicità di Lombroso e i suoi attacchi al Vangelo, non si «poteva certo dubitare» che il criminologo italiano fosse uno degli esponenti più in vista del dreyfusismo italiano[19].

Considerate queste precedenti polemiche dell'antisemitismo contro Lombroso, non meraviglia che, a partire dal 1938, si assista all'emarginazione finale delle posizioni razzialiste lombrosiane. Così, se per Landra si trattava di respingere i risultati della «scuola giudaica di Lombroso»[20], era Evola ad assumersi il compito di motivare ben più a fondo l'ostracismo ideologico nei confronti del padre riconosciuto della criminologia. Ad avviso di Evola, Lombroso costituiva la «*Spitzenleistung* del materialismo positivista, che lo ha condotto a stabilire una aberrante equazione fra il genio e l'epilettico, fra l'uomo superiore e il degenerato, [...] nuova, tipica e sistematica riduzione del superiore all'inferiore»[21]. Mentre nel marxismo ebraico e materialista la centralità spettava all'economia, nel lombrosismo quella centralità era ricoperta da discipline altrettanto materialistiche, quali la fisiologia e la patologia, con la conseguenza che «tutti i valori superiori vengono dedotti da principi organici e da determinismi atavici»[22], a dimostrazione di un fondamento materialistico di provenienza chiaramente razziale. Non era un caso, del resto, che Lombroso, nella sua critica al Medioevo, si fosse appellato alla «scienza naturale contro le premesse metafisiche che stavano alla base dell'antico diritto tradizionale ario»[23].

Evola utilizzava la critica al materialismo di Lombroso per accentuare quella contro i sostenitori del razzismo biologico: dal de-

[19] Entrambe le citazioni in L. Vial, *Pourquoi il faut être Antisémite?*, A L'Union Antisémite de Propagande, Paris s.d. [ma 1902], p. 21.

[20] Landra, Cogni, *Piccola bibliografia razziale* cit., p. 33.

[21] Arthos [pseud. di J. Evola], *«Il genio d'Israele». L'azione distruttrice dell'ebraismo nel campo della cultura*, in «La Vita Italiana», 1938, marzo, CLXXXIII, ma cit. da Id., *I testi de «La Vita Italiana»*, a cura di I. De Giorgi, Edizioni di Ar, Padova 2005, t. I, *1931-38*, p. 417 (ma vedi anche quanto scrive in *Problemi della razza. Lo spirito e gli epilettici*, in «Il Corriere padano», 27 dicembre 1940, ma cit. da Id., *I testi del «Corriere Padano»*, a cura di G. Damiano, Edizioni di Ar, Padova 2002, p. 384).

[22] *Ibid.*

[23] Arthos [pseud. di J. Evola], *Aspetti della «doppia verità» giudaica*, in «La Vita Italiana», 1940, gennaio, CCXIV, ma cit. da Id., *I testi de «La Vita Italiana»* cit., t. II, *1939-43*, p. 124 (ma in tal senso anche in Id., *Psicologia criminale ebraica*, in «La Difesa della Razza», 20 luglio 1939, 18, ma cit. da Id., *I testi de «La Difesa della Razza»*, a cura di P. Di Vona, Edizioni di Ar, Padova 2001, p. 68).

terminismo naturalistico e materialistico, sia nel caso di Lombroso che in quello dei razzisti biologici, non era possibile dedurre alcuna verità sulla differenza dei popoli ariani.

Ma, al di là di questo motivo, i teorici del razzismo fascista tradivano la consapevolezza teorico-politica che la tradizione razzialista italiana fosse inutilizzabile per almeno due altri motivi. Il primo era che quella tradizione razzialista era stata attraversata da un pregiudizio antimeridionale, che aveva proceduto a una razzizzazione interna alla nazione[24]. Proprio nella rassegna sulla tradizione italiana di studi sulla razza, uscita sulla «Difesa della Razza», Landra si era ben guardato dal richiamare non solo il nome di un autore come Lombroso, ma anche quello di un'altra autorità del razzialismo italiano, l'antropologo e criminologo Alfredo Niceforo, autore de *L'Italia barbara contemporanea*, testo base di quella tradizione antropologica italiana che aveva proceduto alla razzizzazione delle popolazioni meridionali, presentate a un livello di civilizzazione molto basso[25], quali proiezione sul suolo europeo delle razze camitiche e africane.

Questa era una posizione a dir poco incompatibile con le teorie fasciste sull'arianità degli italiani sancite nel *Manifesto della razza*. Era proprio questa posizione a inerire il giudizio storico-politico su quella tradizione di studi la quale, qualora fosse stata valorizzata sul piano del dibattito in atto sulla razza, rischiava paradossalmente di escludere dallo spettro dell'arianità quasi la metà degli italiani, nella fattispecie le popolazioni meridionali.

Il secondo motivo non aveva una valenza dottrinaria minore perché, a valutare fino in fondo le critiche che Evola rivolgeva a Lombroso, emergeva che la tradizione razzialista italiana della seconda metà dell'Ottocento si presentava come un'articolazione della cultura liberale («scuola ebraico-massonica di antropologia italiana», l'avrebbe seccamente definita Preziosi)[26]. La tradizione razzialista italiana si era presentata come un progetto di modernizzazione della

[24] Vedi, fra i numerosi contributi, V. Teti, *La razza maledetta. Alle origini del pregiudizio antimeridionale*, manifestolibri, Roma 1993 (ma diverse informazioni anche in C. Petraccone, *Le «due Italie». La questione meridionale tra realtà e rappresentazione*, Laterza, Roma-Bari 2005).

[25] A. Niceforo, *L'Italia barbara contemporanea*, Sandron, Milano-Palermo 1898.

[26] Così in una nota introduttiva, a firma g.pr., all'articolo di J. Evola, *Scienza, razza e scientismo*, in «La Vita Italiana», 1942, dicembre, CCCLVI, ma cit. da Id., *I testi de «La Vita Italiana»* cit., t. II, *1939-43*, p. 454.

nazione in senso liberale, ponendo all'ordine del giorno la necessità di risolvere, da parte della classe dirigente liberale, una situazione di arretratezza economica e culturale riletta, come nel caso di Niceforo, in chiave razziale; da qui, di conseguenza, la sua inutilizzabilità ai fini di una strategia che si voleva totalitaria, a muovere dalla rivendicazione, osservava a sua volta Landra, dell'«impostazione politica che ha dato il fascismo al problema della razza»[27]. La cultura razzialista italiana aveva denunciato le difficoltà della classe dirigente liberale nel procedere sulla via della modernizzazione; ma aveva risolto quest'atteggiamento in un giudizio positivo verso il socialismo, come attestavano le biografie politiche di un Lombroso e persino di un giovane Orano sensibile alla razzizzazione delle popolazioni meridionali sulla scia di Niceforo[28], quale soluzione ai nodi irrisolti di una modernizzazione mancata. L'intreccio fra il procedimento di razzizzazione interna della nazione, ossia proprio del concetto attorno a cui ruotava quasi tutto l'universo ideologico fascista, e un esito politico che guardava con attenzione, se non con simpatia, al socialismo, decretava, da parte degli ideologi razzisti del fascismo, la necessità di operare sul piano teorico prescindendo da quella tradizione culturale.

Così come il regime fascista poteva utilizzare la tradizione dell'antigiudaismo cattolico per dimostrare che l'antisemitismo, lungi dal costituire una novità, era invece uno sviluppo di posizioni emerse già da tempo nella cultura cristiana, allo stesso modo l'unica strategia per potersi rapportare alla tradizione razzialista italiana era quella di rivendicare che da decenni settori e figure della cultura nazionale avevano posto al centro del dibattito politico la questione della razza; e tuttavia, questa operazione politico-culturale non poteva approfondire i temi che quella cultura aveva sviluppato e il contesto politico in cui aveva operato. In questo senso, il destino della tradizione razzialista italiana era identico a quello che caratterizzava la tradizione antigiudaica cattolica: nel momento in cui sorgeva un antisemitismo che mirasse a rafforzare il sistema totalitario, il precedente razzialismo poteva essere valorizzato solo in quanto rafforzava questa tendenza politica.

[27] Landra, Cogni, *Piccola bibliografia razziale* cit., p. 33.

[28] P. Orano, *Psicologia della Sardegna. Impressioni ed appunti*, Tipografia della Casa Editrice Italiana, Roma 1892.

5
Razzizzazione della nazione e nazificazione del fascismo

Dall'atteggiamento di opposizione dei teorici razzisti nei confronti della tradizione razzialista italiana emerge che un'accentuazione lungo l'asse diacronico dell'antisemitismo fascista, e dunque la sua inscrizione nel lungo periodo della storia d'Italia, comporta non solo il rischio di accreditare *ex post* e sul piano storiografico proprio quella *vulgata* fascista che, come s'è osservato, aveva insistito sul tema della rigorosa continuità della strategia antisemita del regime; ma soprattutto il rischio di non cogliere la specificità del medesimo antisemitismo fascista e la rottura che esso comportava rispetto alla tradizione teorica del razzismo e dell'antisemitismo italiani. Dove possiamo situare lo scarto di paradigma fra la tradizione razzialista italiana e il razzismo e l'antisemitismo fascista?

La specificità di quest'ultimo la individueremmo in una *razzizzazione del concetto di nazione*, quale scelta piegata consapevolmente all'interno del preesistente progetto di nazionalizzazione totalitaria delle masse e di conseguente costruzione dell'«uomo nuovo» – «incessante è l'azione del Fascismo, si sosteneva nel *Dizionario di politica*, sull'uomo 'fascista': con la quale aggettivazione si vuole distinguere un inconfondibile profilo umano, etico e volitivo, che sempre più s'afferma nell'Europa moderna»[1] – quale obiettivo

[1] M. Pompei, *La politica demografica fascista*, in M. de Vergottini, *Demografia*, in Partito nazionale fascista, *Dizionario di politica*, Istituto della Enciclopedia Italiana, Roma 1940, vol. I, *A/D*, p. 777.

perseguito dal regime fascista fin dalle sue origini e ribadito in tutte le occasioni.

Qualunque giudizio storiografico s'intenda formulare sugli autori italiani che, in età liberale, avevano animato il dibattito sulle razze, da Lombroso a Niceforo, Sergi ecc., non v'è dubbio che col fascismo si sia in presenza di un salto di qualità decisivo, in cui *la razzizzazione della nazione si presenta storicamente quale punto più elevato del processo di nazionalizzazione totalitaria delle masse*[2]. Come avrebbe osservato Evola nel 1941,

> il razzismo si presenta come una ulteriore «potenza» del nazionalismo, perché il sentirsi di una stessa «razza» – anche quando questa espressione valga più come un mito che come una idea ben precisa – è evidentemente qualcosa di più che sentirsi di una «nazione». Come mito politico la «razza» è la nazione vivente, non racchiusa in astratti limiti giuridici o territoriali, né esaurentesi in una semplice unità di civiltà, di lingua, di storia. Il sentimento di «razza» va più profondamente di tutto ciò[3].

In altri termini, il vincolo di fedeltà del cittadino con la propria nazione, e con l'ideologia espressa dal movimento totalitario che governa lo Stato, dopo che il precedente processo di nazionalizzazione totalitaria aveva già provveduto ad annullare le differenze e le appartenenze politiche e culturali presenti all'avvento del sistema politico totalitario, nel momento in cui imbocca la via dell'antisemitismo e del razzismo perviene a razzizzare i cittadini – escludendo quelli sospettati o accusati di appartenere appunto a razze differenti – quale strategia dell'identificazione completa e totale del cittadino medesimo con la propria nazione e l'ideologia totalitaria in essa dominante. Il fascismo era ben consapevole che una nazionalizzazione non garantiva la fedeltà ideologica, essendo sospettabile di essere ideologicamente neutra se non, come dimostrato dalla storia delle nazioni liberali, riconducibile alla tradizione liberale ottocentesca. Nel caso italiano la nazionalizzazione delle masse coincide con la loro fascistizzazione, ossia con il dispiegamento di un processo di nazionalizzazione totali-

[2] Sul concetto storiografico di «nazionalizzazione delle masse» inevitabile è il riferimento a G.L. Mosse, *La nazionalizzazione delle masse. Simbolismo politico e movimenti di massa in Germania (1815-1933)*, ed. or. 1974, trad. it., Il Mulino, Bologna 1975.

[3] J. Evola, *Sintesi di dottrina della razza*, Hoepli, Milano 1941, p. 12.

taria in cui la volontà del regime di radicare le masse sul terreno della fedeltà ideologica svolge un ruolo fondamentale, se non unico. Certamente questo progetto è reso possibile dal preventivo sequestro da parte del fascismo del concetto di «nazione», ossia del suo presentarsi quale unico movimento politico in grado di gestire gli interessi della nazione. Ai fini del nostro discorso, comunque, ciò che interessa rilevare è che la razzizzazione permette di precipitare tutte le diversità dei cittadini nella dimensione della razza: nel momento in cui tutti sono dichiarati appartenenti alla razza ariana – fatti salvi naturalmente gli ebrei e le popolazioni coloniali di colore –, tutte le differenze afferenti alla sfera privata del cittadino sono annullate, o comunque subordinate all'appartenenza razziale.

Qualora si accettasse, in sede di dibattito storiografico, la peraltro condivisibile definizione di «fascismo» proposta da Emilio Gentile[4], si dovrebbe osservare che la razzizzazione della nazione, adottando la logica cospirazionista, che costituisce il fondamento di qualsiasi antisemitismo, favorisce quanto meno: 1) l'incremento del senso di cameratismo, indotto dalla convinzione che contro la propria nazione era ed è tuttora in atto una cospirazione ebraica dagli effetti terribili e devastanti; 2) il rafforzamento del carattere religioso dell'ideologia politica, giudicata l'unica in grado di tenere testa alla co-

[4] «I dati essenziali per una definizione teorica del fascismo [...] possono essere così definiti: 1) un movimento di massa, con aggregazione interclassista [...] 2) un'ideologia a carattere 'antideologico' e pragmatico, che si proclama antimaterialista, antindividualista, antiliberale, antidemocratica, antimarxista, tendenzialmente populista e anticapitalista [...] una cultura fondata sul pensiero mitico e sul senso tragico e attivistico della vita concepita come manifestazione della volontà di potenza [...] 4) una concezione totalitaria del *primato della politica* [...] 5) un'etica civile fondata sulla dedizione totale alla comunità nazionale, sulla disciplina, la virilità, il cameratismo, lo spirito guerriero; 6) un partito unico che ha il compito di provvedere alla difesa armata del regime, selezionare i quadri dirigenti e organizzare le masse nello Stato totalitario, coinvolgendole in un processo di mobilitazione permanente, emozionale e fideistica; 7) un apparato di polizia che previene, controlla e reprime, anche con il ricorso al terrore organizzato, il dissenso e l'opposizione; 8) un sistema politico ordinato per gerarchie di funzioni, nominate dall'alto e sovrastate dalla figura del 'capo', investito di sacralità carismatica [...] 9) un'organizzazione corporativa dell'economia [...] 10) una politica estera ispirata al mito della potenza, della grandezza nazionale e della 'nuova civiltà' [...]» (E. Gentile, *Le origini dell'ideologia fascista (1918-1925)*, Il Mulino, Bologna 1996, pp. 21-22; ma vedi anche quanto scrive in Id., *La via italiana al totalitarismo. Il partito e lo Stato nel regime fascista*, I ed. 1995, ma cit. dalla nuova ed., Carocci, Roma 2008, p. 155).

spirazione; 3) una radicalizzazione sia del pensiero mitico, in cui domina appunto la convinzione di una cospirazione in atto, sia dell'atteggiamento tragico davanti alla vita, interpretata quale impegno totalizzante e unico nel conferire un senso all'esistenza dell'individuo, ossia la decisa opposizione alla cospirazione ebraica.

La razzizzazione della nazione, proprio perché antepone l'appartenenza razziale alle altre prerogative del cittadino, e presuppone l'avvenuta distruzione del sistema politico liberale e pluralista e la costruzione del sistema totalitario, richiede un incremento della mobilitazione politica delle masse, perché si reputa ancora incompiuto e imperfetto il processo di edificazione dell'«uomo nuovo». Col ricorso alla razzizzazione il fascismo riconosceva che il sistema totalitario fino ad allora realizzato tradiva numerosi limiti; essa costituiva, da parte del fascismo, l'implicito ma necessario riconoscimento che, se l'«uomo nuovo» era ancora lontano dall'essersi realizzato, ciò richiedeva un'intensificazione del processo di nazionalizzazione, un salto di qualità in cui le masse potevano alimentarsi del senso di nazionalità solo in quanto ricondotte a una determinata razza.

Ferme restando le ragioni dettate da un quadro politico europeo che, nella seconda metà degli anni Trenta, registra un vero e proprio assalto all'ebraismo, con l'introduzione in diverse nazioni di una normativa più o meno esplicitamente antisemita, l'incrocio dell'antisemitismo da parte del fascismo diviene tutt'altro che casuale, bensì è dettato dalla necessità di accelerare i tempi della politica totalitaria. Essendo un universo ideologico intrinsecamente votato al totalitarismo, perché presentava tratti marcati di una domanda di rivoluzione antropologica, l'antisemitismo, come ben avevano intuito, del resto, i teorici del «razzismo spirituale» in polemica con quelli ancorati al «razzismo biologico», rispondeva pienamente al disegno totalitario fascista di dare vita all'«uomo nuovo».

Ora, giudicare l'antisemitismo solo all'interno della rivoluzione antropologica rischia paradossalmente di non coglierne la sua specificità, pervenendo addirittura a sottovalutare persino la sua *pesantezza* teorico-politica, ossia la capacità dell'antisemitismo di incidere sull'universo ideologico con cui entra in contatto. Per il nazionalsocialismo la questione storiografica di valutare come l'antisemitismo si collochi in quel panorama ideologico è un dato storiografico riconosciuto: essendo stato, il nazismo, un movimento politico a chiara vocazione antisemita fin dalle origini, ne consegue che si dovrebbe semmai valutare come le altre componenti ideologiche (*Lebensraum* ecc.) siano state appunto influenzate e riformulate dal nocciolo duro dell'antisemitismo. Viceversa, non essendo stato il fascismo un movimento politico antisemita fin dalle origini, diviene necessario comprendere come il suo sistema ideologico si modifichi nella seconda metà degli anni Trenta, individuando il modo con cui l'antisemitismo s'inserisce nell'universo ideologico fascista e le eventuali influenze che esso esercitò sulle altre componenti ideologiche.

Osservandolo quale una delle «tappe della rivoluzione antropologica fascista»[5], l'antisemitismo trova certamente una propria giustificazione; però, se si considera che il suo paradigma riuscì a imporsi sulle altre declinazioni di quel progetto di rivoluzione antropologica, è ben difficile non riconoscere anche che questa scelta comportava una mutazione, e forse l'abbandono anche di qualche aspetto del precedente paradigma ideologico del fascismo. Se la polemica antiborghese degli anni Trenta, per quanto sia da giudicare una «drastica impennata»[6], era comunque riconducibile all'ideologia fascista, essendo stata quanto meno una delle caratteristiche del fascismo diciannovista prima e squadrista poi, per trovare infine attenta udienza nei vari settori del movimentismo del regime, per l'antisemitismo la questione si fa ben più complessa e intricata sotto l'aspetto storiografico, perché tale era sotto l'aspetto ideologico, se è verosimile, come s'è già osservato, che una parte significativa della propaganda del regime era indirizzata a dimostrare come l'antisemitismo fosse stato fin dagli inizi uno degli aspetti caratterizzanti dell'ideologia.

Nel caso dell'antisemitismo fascista che muove dal 1938 risultavano strettamente intrecciati elementi e aspetti di continuità e di discontinuità: mentre i primi erano assicurati in modo ineludibile quanto meno dal progetto di nazionalizzazione totalitaria delle masse coltivato dal fascismo in tutti i precedenti periodi della sua vicenda – persino, azzarderemmo, da quello diciannovista, quando il movimento fascista aveva fornito l'impressione di essere un «movimen-

[5] Vedi, per questa collocazione, il giudizio storiografico di E. Gentile, *La Grande Italia. Ascesa e declino del mito della nazione nel ventesimo secolo*, Mondadori, Milano 1997, p. 175 (nella nuova ed., con il sottotitolo modificato in *Il mito della nazione nel XX secolo*, Laterza, Roma-Bari 2006, la citazione è a p. 186).

[6] R. De Felice, *Mussolini il duce*, vol. II, *Lo Stato totalitario (1936-1940)*, Einaudi, Torino 1996, p. 96.

to anarcoide e romantico» privo di un ben definito «fondamento teorico e ideologico»[7] –, gli aspetti di discontinuità sono da individuare nella constatazione che l'antisemitismo, fino ad allora limitato a riviste, periodici e libri e ad alcune campagne di stampa dei giornali che gravitavano nell'area radicale del regime e del partito, si faceva ormai Stato, e, nel ricorso a una strategia di razzizzazione della nazione, che sembrava accelerare decisamente il processo di nazionalizzazione totalitaria, si presentava come il punto più alto della costruzione dell'«uomo nuovo» fascista.

L'inscrizione della razzizzazione della nazione all'interno del più generale processo di nazionalizzazione totalitaria è resa possibile perché storicamente l'antisemitismo è stato il primo universo ideologico a vocazione totalitaria a presentarsi sul mercato europeo delle idee politiche. Non v'è dubbio che dal suo giudizio sulla società liberale quale epoca dell'avvenuta ebreizzazione del mondo – un giudizio presente in tutti i teorici dell'antisemitismo, da Toussenel e Chirac a Hitler e Rosenberg, da Marr a Evola – l'antisemitismo deducesse la necessità di una rivoluzione dal forte contenuto antropologico. V'è di più: così come era stata consegnata dai «classici», la forza d'attrazione dell'antisemitismo, sol che si pensi a un intellettuale come Céline, consisteva nella capacità mitopoietica di proporre una rivoluzione antropologica ed epocale di natura antiborghese, senza precipitare nella sfera d'influenza del socialismo marxista.

Se fino al 1938 la nazionalizzazione totalitaria delle masse prevedeva una rivoluzione antropologica e culturale, definita dalla creazione di un «uomo nuovo» fascista[8], che certamente contemplava ben definite caratteristiche razziali che si dovevano preservare e va-

[7] Entrambe le citazioni in P. Nenni, *Storia di quattro anni (1919-1922)*, I ed. 1926, ma cit. dalla II ed., Einaudi, Roma 1946, p. 116.

[8] Vedi E. Gentile, *L'«homme nouveau» du fascisme. Réflexions sur une expérience de révolution anthropologique*, in A.-M. Matard Bonucci, P. Milza (dir. da), *L'Homme nouveau dans l'Europe fasciste (1922-1945). Entre dictature et totalitarisme*, Atti del colloquio organizzato dal Centre d'histoire du vingtième siècle dell'Institute d'études politiques di Parigi, 16-18 marzo 2004, Fayard, Paris 2004, pp. 35-63. Una versione allargata del testo vedila anche in E. Gentile, *Fascismo. Storia e interpretazione*, Laterza, Roma-Bari 2002, pp. 235-64. Ma per la collocazione dell'antisemitismo fascista all'interno del progetto totalitario di costruzione dell'«uomo nuovo», vedi le considerazioni di A.-M. Matard-Bonucci, *L'Italia fascista e la persecuzione degli ebrei*, ed. or. 2007, trad. it., Il Mulino, Bologna 2008, pp. 128 sgg.

lorizzare soprattutto nei rapporti con le popolazioni di colore, a partire dal 1938 l'«uomo nuovo» sarebbe dovuto essere anche un uomo deebreizzato, quale figura politico-antropologica adeguata a rendere ancor più visibili e marcate le differenze fra l'uomo materialista e individualista, espresso dalla società borghese e liberale, e l'uomo idealista e virile, dedito alla coltivazione dei valori dello Spirito, espresso dal totalitarismo fascista.

Ciò che s'intende rilevare è che il fascismo era un sistema ideologico che per almeno un aspetto sembrava vocato quasi necessariamente all'approdo all'antisemitismo: un totalitarismo che intrecciava il nazionalismo con la prospettiva della rivoluzione antropologica mirata alla costruzione dell'«uomo nuovo» si dimostrava particolarmente sensibile all'incrocio con l'antisemitismo, sia perché quest'ultimo era stato il primo universo ideologico a teorizzare la necessità di una rivoluzione antropologica, sia perché le caratteristiche antiborghesi e antimaterialistiche che avrebbero dovuto contraddistinguere l'«uomo nuovo» erano state nel secolo precedente già ampiamente trattate e discusse dallo stesso antisemitismo e inscritte nell'agenda della lotta epocale e definitiva contro l'ebreizzazione del mondo.

Si è già accennato al fatto che l'antisemitismo poteva trovare una difficile conciliazione in un sistema ideologico del fascismo originario attraversato da un rapporto positivo con la modernità. Ora, qualsiasi definizione dell'ideologia fascista s'intenda fornire in sede di dibattito storiografico, diviene necessario intrecciare il piano del discorso diacronico con la prospettiva sincronica, considerato che, pur salvaguardando una linea di rigorosa continuità, è evidente che, volendo ricorrere alle note categorie di Renzo De Felice[9], il fascismo-movimento del 1919-21 non conteneva aspetti ideologici presenti nel fascismo-regime del 1935, per non dire delle notevoli differenze ideologiche che caratterizzarono il fascismo della Repubblica sociale del 1943-45. Invero, dobbiamo proprio a De Felice la suddivisione della ventennale vicenda storica del fascismo in quattro scansioni (1922-25, 1925-29, 1929-36, 1936-43) che, come osservava lo storico reatino, «è necessario individuare nei loro aspetti caratteristici se si vuole [...] coglierne la logica complessiva»[10].

[9] R. De Felice, *Intervista sul fascismo*, Laterza, Roma-Bari 1975, pp. 27 sgg.
[10] Id., *Fascismo*, in *Enciclopedia del Novecento*, Istituto della Enciclopedia Italiana, Roma 1977, ma cit. dalla ristampa Luni, Milano 1998, p. 55.

Ebbene, quali modifiche ideologiche sono introdotte nel 1938, nel momento in cui il fascismo incrocia l'antisemitismo? La nostra ipotesi storiografica è che, sul piano strettamente culturale e ideologico, con la razzizzazione della nazione ci si trovi in presenza di un processo di *nazificazione del fascismo*, nel senso che il regime smarrisce parte della sua autonomia teorico-politica, essendo calamitato progressivamente nell'orbita, anche ideologica, della Germania nazista. Così come nel 1938 non è il razzismo a spiegare l'antisemitismo, allo stesso modo è quest'ultimo a prevalere su numerose altre componenti ideologiche, fagocitandole e rielaborandole in chiave antisemita.

Non è questa la sede per valutare come, eventualmente, le scelte del regime in politica estera abbiano, e in quale misura, inciso e influenzato il processo di nazificazione dell'ideologia fascista. È comunque il caso di rilevare che, almeno limitatamente ai teorici antisemiti di cui ci stiamo occupando, il radicalismo politico e ideologico dei vari Interlandi, Preziosi, Evola ecc. – che negli anni precedenti aveva fatto ricorso anche ad argomenti antisemiti all'interno di un più vasto progetto politico che mirava a valorizzare gli aspetti rivoluzionari dell'ideologia, per spingere così più a fondo il processo di costruzione dello Stato totalitario e dell'«uomo nuovo» – si declina in radicalismo antisemita *tout court*, rileggendo in chiave antisemita le altre componenti dell'universo ideologico fascista: a muovere dal 1938, il radicalismo totalitario fascista legge, infatti, il livello più o meno avanzato di edificazione dello Stato totalitario e di costruzione dell'«uomo nuovo» col metro di misura di una politica antisemita più o meno intensificata.

In proposito è necessaria qualche precisazione. Se la scelta dell'antisemitismo è da inquadrare all'interno di un piano generale di intensificazione del processo di costruzione del sistema politico totalitario e di costruzione dell'«uomo nuovo» fascista, l'espulsione degli ebrei dal perimetro del concetto di «nazione» è resa possibile in virtù di una precedente concezione fascista che aveva già provveduto a denazionalizzare l'antifascismo e le sue culture, le popolazioni di colore delle colonie ecc. In altri termini, si applicava all'ebraismo italiano la medesima logica di esclusione e di discriminazione messa in opera in altre occasioni e per gli oppositori del regime fascista. La differenza radicale era che alla discriminazione per motivi ideologici, per definizione reversibile – e la cui reversibilità era affidata alle capacità di convinzione e di mobilitazione offerte dalla pedagogia politica in ambiente totalitario –, si sostituiva ora una discriminazione che, basata su ragioni biologiche e genetiche, diveniva per definizione irreversibile e immutabile.

La vocazione del fascismo all'antisemitismo è quindi da valutare su una molteplice prospettiva d'analisi, in cui s'intrecciano l'evidente tendenza antisemita di gran parte dei nazionalismi europei, della cui famiglia politica il fascismo faceva parte, la ben salda convinzione fascista a ridisegnare un concetto di «nazione» da cui erano escluse alcune categorie di italiani e infine la scelta di ricorrere all'armamentario offerto dall'universo ideologico antisemita per intensificare il processo di costruzione del sistema totalitario e la definitiva determinazione delle caratteristiche antropologiche dell'«uomo nuovo».

Ma quali cambiamenti suscitava la legislazione antisemita nell'impianto ideologico del fascismo? E in che senso crediamo sia possibile parlare dell'avvio di un processo di nazificazione del fascismo?

Nel suo nocciolo duro e più essenziale, l'antisemitismo, come qualsiasi universo ideologico formatosi fra l'Ottocento e il Novecento, costituisce uno specifico atteggiamento davanti alla vita e alla storia; e, appunto come qualsiasi universo ideologico, quando si contamina con altre culture politiche, dal nazionalismo all'antimarxismo e via di seguito, è indotto ad assorbire certamente alcuni tratti, così come a cederne anche altri.

Sul piano strettamente ideologico non c'è dubbio che l'adozione dell'antisemitismo comportasse per il fascismo un'attenuazione dell'atteggiamento positivo nei confronti della modernità, a seguito del ricorso a un immaginario, quello antisemita appunto, che presentava necessariamente la modernità quale risultato della millenaria cospirazione ebraica, ossia di quelle «forze oscure»[11] che dominavano la politica e l'economia. Il rapporto fascista con la modernità si faceva conflittuale, valorizzando ed esasperando comunque quel senso del tragico, già presente nell'universo ideologico fascista, definito dall'irriducibilità del fascismo nei confronti di un mondo esterno che, dagli Stati democratici al comunismo sovietico, era giudicato diretto dall'ebraismo. Ma proprio quest'attenuazione del rapporto po-

[11] E. Leoni, *Mistica del razzismo fascista*, Quaderno n. 3 della «Scuola di Mistica Fascista Sandro Italico Mussolini», Milano 1941, p. 67.

sitivo con la modernità permetteva anche, come s'è già osservato, un'accelerazione del processo di costruzione del sistema totalitario e dell'«uomo nuovo»: l'antisemitismo permetteva al fascismo di allargare ulteriormente il fossato che lo separava dalla modernità liberale, definendo con maggiore precisione le caratteristiche e i contorni antropologici dell'«uomo nuovo».

Per potersi inserire nel sistema ideologico fascista, l'antisemitismo valorizzava la parte di quel sistema fondata sulla visione drammatizzata della vita, quale incessante attivismo volto a sconfiggere forze politiche, movimenti e culture ritenuti nemici: col ricorso al cospirazionismo antisemita, il virilismo e il prometeismo fascisti risultavano indubbiamente esaltati insieme al mito della nazione. In questo senso, possiamo ben ritenere che l'accusa all'ebreo di essere il nemico interno della nazione, per qualche aspetto costituiva un ritorno all'agonismo del fascismo originario, quello squadrista, perché riproduceva nell'ebreo alcuni tratti che quel fascismo aveva attribuito al socialista e al comunista. Sia il militante rivoluzionario che l'ebreo erano ritenuti nemici della nazione non foss'altro perché eterodiretti: il comunista da Mosca, l'ebreo dalle centrali dell'internazionale ebraica.

Questo schema definiva tuttavia un deciso salto di qualità rispetto al sistema ideologico del primo fascismo che s'intendeva recuperare; si tratta, infatti, di un salto di qualità che c'induce appunto a parlare dell'avvio di un processo di nazificazione dell'ideologia fascista. La secca biologizzazione del nemico comportava intanto che quest'ultimo non era emancipabile dalle sue posizioni ricorrendo a una pratica affidata alla pedagogia politica totalitaria. Come avrebbe osservato lo Schmitt del secondo dopoguerra, gli «Ebrei [...] restano sempre Ebrei, mentre il comunista può migliorare e trasformarsi»[12]. Contro la Natura e le sue insindacabili e irremovibili leggi nulla poteva la pratica politica, per quanto radicale e totalitaria: davanti alla Natura, compito della Politica rimaneva solo quello di obbedire, rispettando nel governo della società appunto quelle leggi scaturite da un terreno impermeabile alla pratica politica.

In una *pièce* drammatica in tre atti pubblicata nel 1927 da Farinacci – scegliamo non a caso lo scritto del politico probabilmente

[12] C. Schmitt, *Glossario*, ed. or. 1991, trad. it., Giuffrè, Milano 2001, p. 25.

più antisemita tra le alte gerarchie fasciste – il protagonista, il giovane Madidini, è un disertore di guerra e convinto militante socialista. Madidini inizia il processo di conversione al fascismo dopo avere ascoltato il discorso di un capo fascista («parole nuove che giungevano alla mia mente ed al mio cuore»)[13], per poi cadere da eroe in uno scontro nei giorni della marcia su Roma. Mentre il precedente concetto di «nemico politico» implicava sempre una situazione temporanea e contingente, da cui il «nemico» poteva uscire qualora avesse riscoperto, divenendo oggetto delle strategie della pedagogia politica totalitaria, le ragioni superiori della Nazione, l'ebreo, in quanto «nemico razziale» la cui definizione biologica era immodificabile, non risultava emancipabile dalla sua condizione razziale iniziale ricorrendo alle armi della Politica, persino della Politica che utilizzava la violenza. Il «nemico razziale» era anche un «nemico politico»; ma, al contrario di quest'ultimo, era un nemico contro cui la pedagogia politica totalitaria era impotente e inane, essendo costretta a prendere atto dell'alterità. L'ebraicità non era estirpabile, né modificabile; anzi, come avevano sottolineato tutti i pensatori politici antisemiti da almeno un secolo, proprio l'ebreo deebreizzatosi, sconfessionatosi o emancipatosi dai costumi e dalle pratiche religiose risultava un nemico ben peggiore dell'ebreo che rivendicava, anche visivamente, la propria ebraicità.

Infine, il ricorso alla logica cospirazionista, quale conseguenza dell'accesso alle ragioni dell'antisemitismo, scandiva il conseguente passaggio da una visione drammatizzata della vita – per intenderci, quella squadrista innervatasi nel regime – a una visione in cui nell'attivismo prevalevano i tratti oscuri e disperati, come quando sulla rivista di Bottai si osservava che lo scontro fra arianesimo e antisemitismo costituiva «un urto di due civiltà, il conflitto tra un universo nuovo che nasce e *occulte forze tenebrose* che tentano soffocarlo prima che sorga»[14].

Nella visione del fascismo, soprattutto di quello movimentista, la vita era vista come un'incessante attività in cui il fascista superava gli ostacoli frappostigli dai nemici politici, definendo il suo rapporto col

[13] R. Farinacci, *«Redenzione» (Episodio cremonese della rivoluzione fascista)*, Edizioni Cremona Nuova, Cremona 1927, p. 67.

[14] G. Maggiore, *Politica fascista della razza. Numero e qualità*, in «Critica fascista», 15 agosto 1938, 20, p. 309 (corsivo aggiunto).

mondo all'insegna di un sicuro dominio. Nel fascista l'aspetto drammatico della vita era racchiuso nella consapevolezza che vivere implicava affrontare ostacoli che lo slancio e l'impegno attivistico potevano risolvere. Il dramma si risolveva comunque in un risultato positivo, definito dalla capacità del fascista di avere dimostrato a se stesso e agli altri che un atteggiamento attivistico e volontaristico può avere ragione degli ostacoli. Dramma, tragedia e attivismo, pur presenti nella visione fascista della vita, non si erano comunque mai declinati in termini di disperazione e di constatazione che gli sforzi messi in campo per la vittoria della nazione e della propria visione della vita sarebbero stati destinati a un'irrimediabile sconfitta.

Una delle numerose conseguenze della visione fascista della vita era quella per cui *il fascista riduceva il Mondo alla Nazione* ed era convinto che, se la Nazione fino ad allora era rotolata lungo la china della decadenza, l'impegno attivistico del fascista sarebbe riuscito comunque a risollevarla. Con l'antisemitismo il discorso registrava notevoli modifiche, decretando i primi segnali di crisi del concetto nazionalista di Nazione, per almeno due motivi. Il concetto di «razza» decretava la crisi del concetto di «nazione» non foss'altro perché il primo risultava trasversale rispetto ai confini geopolitici: sono i singoli popoli, e le nazioni in cui si erano storicamente organizzati, ad essere espressione della razza; era, insomma, il concetto generale di «razza» a contenere la specificità e la peculiarità culturale e biologica dei popoli e delle nazioni corrispondenti. La razzizzazione della propria nazione era resa credibile solo in quanto si collocava nella più generale razzizzazione del mondo, rileggendo le contese e i conflitti fra Stati quale fedele traduzione di una lotta fra le razze e delle ideologie ad esse corrispondenti[15].

[15] Se si esclude la storiografia interessata all'ideologia nazista (vedi, a titolo di puro esempio, le considerazioni di P. Burrin, *Hitler, la race et la nation*, in «L'Histoire», 1996, 201, juillet-août, pp. 82-85, ma cit. da Id., *Fascisme, nazisme, autoritarisme*, Seuil, Paris 2000, pp. 135-37, e di E. Jäckel, *La concezione del mondo di Hitler. Progetto di un dominio assoluto*, ed. or. 1969, trad. it., Longanesi & C., Milano 1972, p. 75), il tema è stato spesso trascurato dalla bibliografia sull'antisemitismo (a nostra conoscenza, uno dei pochi cenni in proposito lo si trova in G. Sadun Bordoni, *La crisi politica della modernità. Le origini della globalizzazione nell'Europa di fine Ottocento*, Laterza, Roma-Bari 2002, p. 52), malgrado le riflessioni della Arendt, in *Le origini del totalitarismo*, ed. or. 1951, trad. it., 1967, ma cit. da Edizioni di Comunità, Torino 1999, sulla necessità da parte dell'antisemitismo di avanzare la «soluzione dei problemi interni su una base sopranazionale» (p. 57; ma in

Questa subordinazione della nazione alla razza trova la conferma in un secondo aspetto dell'universo ideologico antisemita in genere sottovalutato. *L'antisemita apre la Nazione al Mondo*, muovendo dalla convinzione che i segnali di decadenza, che egli registra nella propria nazione, sono da ricondurre al piano mondiale di conquista ebraica. La caratteristica della cospirazione ebraica non consiste solo nella sua dimensione mondiale, bensì nel carattere disperato e apocalittico dell'impegno richiesto nel contrastarla, perché il sospetto – individuabile pressoché in qualsiasi pubblicista antisemita, e riscontrabile fin dalle prime pagine dei *Protocolli* e di tutta la letteratura cospirazionista antisemita che a questo testo s'ispira – è che questa cospirazione fosse ormai pervenuta a uno stadio troppo avanzato perché potesse essere contrastata e debellata. In quest'ultimo caso, da drammatica, la visione della vita si fa disperata, essendo messo in dubbio che il dominio del mondo sia possibile attraverso l'impegno attivistico; per dire meglio: è probabile che la cospirazione possa essere arrestata nella propria nazione, ma è da dubitare che, avendo conseguito posizioni ormai consolidate e sicure, essa subisca un arresto nel resto del mondo. Il sottofondo disperato del paradigma antisemita è assicurato dal sospetto che a nulla varranno gli sforzi e l'impegno contro una cospirazione ebraica elevata a principio immanente della Storia. Gli ariani potranno pure impegnarsi contro gli ebrei; questa decisione è comunque corrosa dal dubbio che attivismo e volontà siano alla fine inutili e poco più che armi spuntate davanti all'astuzia semi-

generale è da vedere tutto il secondo capitolo su *Gli ebrei e lo stato nazionale*, pp. 15-73). Per limitarci all'antisemitismo fascista, l'autore che coglieva come il razzismo decretasse la crisi del tradizionale concetto di nazione era Evola. A suo avviso, il razzismo fascista «avendo in proprio l'idea romana, cioè il principio che una data razza, senza cessar di essere se stessa, può esercitare una funzione direttiva supernazionale e porsi come centro di una comune civiltà. Secondo questa concezione fascistico-romana il prezioso nucleo di una razza superiore non è tenuto né a rinchiudersi esclusivamente e particolaristicamente in se stesso (cosa del resto impossibile dovunque in esso si verifichi quel dinamismo imperialista, che Mussolini ha riconosciuto inseparabile da ogni periodo ascendente di un popolo), né a disperdersi nell'internazionalismo e nel caos etnico» (J. Evola, *Sugli eventuali sviluppi della legittimità «razzista»*, in «Lo Stato», 1939, luglio-agosto, 7-8, ma cit. da Id., *Lo Stato (1934-1943)*, a cura di G.F. Lami, Fondazione Julius Evola, Roma 1995, p. 294). In ambito storiografico, sia pure non in riferimento alla questione dell'antisemitismo, chi coglie come, nello stesso fascismo del periodo di guerra, il concetto di «nazione» tramonti a vantaggio di concetti quali «nuovo ordine europeo» ecc., è Gentile, *La Grande Italia* cit., pp. 212 sgg. (nuova ed., pp. 226 sgg.).

tica, perché potranno forse rallentare, ma non distruggere la marcia inesorabile dell'ebreo verso la tirannide mondiale.

Non c'è dubbio che nel fascismo precedente e negli scritti e discorsi mussoliniani i riferimenti alla razza fossero stati diversi, come aveva rimarcato all'unisono la propaganda razzista di regime. La propaganda fascista doveva assolutamente evitare di sottolineare che si era comunque trattato di riferimenti che non producevano una frattura biologica interna alla nazione fra ariani e non ariani, sia perché il fascismo rimaneva fermo a una concezione unitaria e spirituale di nazione, quale appartenenza che ogni italiano doveva avvertire nella propria coscienza, sia perché quella suddivisione afferiva al mondo e non alla nazione: i riferimenti fascisti alla razza, anche quando erano molto evidenti, erano comunque piegati al rafforzamento della nazione. *Nella visione ideologica fascista era la nazione a costruire la razza* perché, avendo la prima una dimensione spirituale, non la nascita o il sangue determinavano l'appartenenza alla nazione, bensì la percezione di un senso d'appartenenza che trascendeva i legami di sangue, ovvero in qualche caso arrivava anche a negarli. Il fascismo aveva intrattenuto un rapporto con la visione volontaristica di nazione – dovuto probabilmente alle lontane influenze giacobine di cui parla De Felice, ma presente anche in qualche suo giurista[16] –, per cui questa diveniva una scelta non legata ad appartenenze di declinazione naturalistica. Scriveva nel 1929 il giurista fascista Maggiore, impegnato un decennio dopo a teorizzare posizioni dichiaratamente razziste e antisemite:

Un popolo — non va confuso con la razza. [...] Che un popolo abbia un cranio dolicocefalo o brachicefalo [...] che sia ornato la testa di capelli biondi o bruni, non conta [...] Nessun paese come l'Italia è stato cammino di tutte le stirpi, agone di tutte le razze. Che importa? Se una stilla di sangue aspro e generoso è rimasta nelle nostre vene, da tutte le incursioni e immigrazioni barbariche [...] non ce ne vergogniamo, quando quel sangue, affinato ai nostri soli, sia divenuto italiano. Il libico o l'eritreo, caduto all'ombra della nostra bandiera, c'è più fratello del «puro sangue»

[16] S. Panunzio, *Lo Stato di diritto*, Il Solco, Città di Castello 1921 (con *Prefazione* di R. Mondolfo). Per un'analisi di questa posizione di Panunzio, vedi F. Germinario, *Un caso di revisionismo reazionario. Gli scritti giovanili di Sergio Panunzio*, in «Studi bresciani», Quaderni della Fondazione «Luigi Micheletti», 1986, 2, in partic. pp. 65-70.

italiano, per lontana discendenza, che umilia e vitupera il sacro nome della Patria[17].

Nel 1938 il rapporto razza-nazione è esattamente rovesciato rispetto alla tradizione ideologica fascista: non è più la nazione a costruire e costituire la razza, fino al punto da associare in sé razze diverse, negligendo le ragioni del Sangue in nome di quelle dello Spirito, ma è la razza il baluardo su cui si costruisce la nazione, decretando che le ragioni biologiche e di Sangue devono necessariamente prevalere su quelle elastiche e criptouniversalistiche dello Spirito.

Ora, l'avvio del processo di nazificazione del fascismo, culminato qualche anno dopo con la Repubblica sociale, se si rivela in modo evidente nelle scelte di politica estera del regime a partire dall'Asse Roma-Berlino del 1936, non peraltro presenta anche altri risvolti ideologici ancora da esaminare in sede di dibattito storiografico.

L'impressione è che, a cominciare dalle alte gerarchie del partito, il nazismo fosse visto come un regime politicamente molto più radicale del fascismo e a cui quest'ultimo avrebbe dovuto ispirarsi nell'intensificare la strategia di costruzione della società totalitaria. Il rapporto politico col nazismo pone al fascismo il problema dell'antisemitismo, all'interno però di un'accelerazione del processo di costruzione del sistema totalitario, che, almeno dai settori del fascismo radicale, viene percepito in fase di più avanzata costruzione a Berlino che a Roma. Insomma, il nazismo, malgrado fosse giunto al potere più di un decennio dopo il fascismo, sembrava fosse ben più avanti nell'organizzazione del totalitarismo: il nazismo diventava agli occhi di una parte consistente della classe dirigente fascista ciò che il fascismo avrebbe dovuto essere in termini di radicalismo politico, ma non era ancora stato, per una serie di circostanze storiche, ma forse anche per alcune caratteristiche antropologiche degli italiani. Queste erano, ad esempio, prima che le posizioni del fascismo radicale, quelle di gerarchi di primo piano come Ciano e Bottai. Al momento della firma del patto Anticomintern era stato Ciano a scrivere che con quel patto si voleva «spezzare questa crosta che soffoca l'energia e le aspirazioni dei popoli giovani»[18]. Allo stesso modo, per

[17] G. Maggiore, *Un regime e un'epoca*, Treves, Milano 1929, pp. 133-34.

[18] G. Ciano, *Diario 1937-1943*, I ed. 1948, ma cit. dall'ed. Rizzoli, Milano 1990, p. 53.

il Bottai del 1938, la Germania nazista «sembra essere divenuta la terra di paragone della nostra fede. Un viaggio in Germania è una buona carta in mano ai gerarchi e ai sottogerarchi in cerca di fortuna. È intorno alla Germania, che si forma il gioco delle tendenze e delle controtendenze»[19].

Soprattutto la considerazione di Ciano ci rimanda a un aspetto nient'affatto secondario del processo di nazificazione del fascismo.

All'evoluzione ideologica e culturale del Mussolini della seconda metà degli anni Trenta, e in particolare alla sua convinzione che l'Europa fosse attraversata da una «crisi di civiltà», Renzo De Felice ha dedicato pagine spesso trascurate dalla storiografia successiva[20]. In proposito, volendo reperire nell'analisi di De Felice un limite, evidentemente giustificato dal taglio biografico della sua ricerca, dovremmo individuarlo nell'avere ristretto l'ambito di osservazione alle posizioni teorico-politiche e culturali del solo Mussolini di quel periodo. E tuttavia, la convinzione mussoliniana che la civiltà europea fosse in pericolo e quella conseguente che, per riprendere sempre l'analisi di De Felice, «la 'nuova civiltà' che [...] il fascismo doveva creare, con l'esistenza di 'razze spirituali' storicamente formatesi e presenti anche all'interno dei vari popoli occidentali e che – a mo' di corpi e di anticorpi – lottavano tra loro per affermarsi»[21], comportavano di necessità una radicale modifica del precedente impianto ideologico del fascismo.

Si trattava di una modifica che certamente atteneva la valorizzazione del concetto di «razza» e dell'azione che le razze «giovani» e ancora dotate di un senso di virilità e di attivismo avrebbero potuto svolgere nel panorama della Storia: questa visione era di per sé più che sufficiente a incrociare le istanze di un antisemitismo che legge-

[19] G. Bottai, *Diario 1935-1944*, Rizzoli, Milano 1982, ma cit. dall'ed. 1989, pp. 123-24. Ma sulla tendenza ai viaggi politici in Germania da parte dei gerarchi, almeno limitatamente all'ambiente del sindacalismo fascista, vedi le considerazioni del figlio di Sergio Panunzio, Vito – giovane dirigente sindacale legato a quella tradizione del sindacalismo nazionale in cui i sentimenti antitedeschi svolgevano un ruolo tutt'altro che secondario –, nel libro di memorie, V. Panunzio, *Il «secondo fascismo» 1936-1943. La reazione della nuova generazione alla crisi del movimento e del regime*, Mursia, Milano 1988, in partic. pp. 25, 55-56.

[20] Vedi De Felice, *Mussolini il duce*, vol. II, *Lo Stato totalitario* cit., in partic. il capitolo terzo, pp. 254-330; Id., *Storia degli ebrei italiani sotto il fascismo* cit., pp. 243 sgg.

[21] Id., *Storia degli ebrei italiani sotto il fascismo* cit., p. 244.

va la Storia come conflitto fra le razze e gli ebrei quale razza «vecchia».

A fare pendere definitivamente questa visione verso il razzismo e l'antisemitismo era però la constatazione inerente soprattutto la necessità che il fascismo ripensasse il ruolo che nel suo sistema ideologico ricopriva il culto della nazione, impegnandosi quale forza motrice generale di un processo di fuoriuscita dell'Europa dalle secche della decadenza in cui il continente era precipitato da tempo. Il fascismo, in questo modo, sembrava salvaguardare la sua precedente impostazione nazionalistica, ma la collegava comunque a una strategia politica che si decantava in una prospettiva internazionale e di ben più ampio respiro[22], in cui la politica era declinata in termini di razza: una volta salvata la nazione dalla decadenza, compito ulteriore del fascismo diveniva quello di fare in modo che la nazione rinnovata agisse da punto di partenza per un rinnovamento appunto razziale del continente europeo. In questo senso, il razzismo diveniva, per richiamare le espressioni di un esponente dei GUF (Gruppi universitari fascisti), «elemento altissimo di dinamicità», «fermento d'azione», «imperialismo ideale»[23]. Ciò significava che il fascismo apriva la Nazione al Mondo, ritenendo che quella della decadenza della razza non fosse una questione racchiudibile nei confini nazionali, rischiando di riverberarsi anche nel regime; e in questo modo incrociava sia l'istanza a suo modo «universalistica» dell'antisemitismo, sia un'ideologia nazista che fin dall'inizio, a causa del suo antisemitismo, si era presentata come una rivoluzione la cui epocalità era contrassegnata dall'impegno di estendere il rinnovamento dalla Germania al mondo.

A trasmettere l'idea della necessità di una *Gleichschaltung* dell'Italia fascista alla Germania nazista era soprattutto la componente rivoluzionaria e radicale del regime rappresentata da Farinacci e dal

[22] Chi coglie le implicazioni di un superamento del precedente nazionalismo ad opera del concetto fascista di «nuova civiltà» è R. De Felice in *Mussolini l'alleato*, vol. 1. *L'Italia in guerra (1940-1943)*, t. 2, *Crisi e agonia del regime*, Einaudi, Torino 1990, pp. 678-79; ma, almeno in riferimento a un carattere della guerra che travalicava i confini nazionali, vedi anche p. 677.

[23] Tutte le citazioni in G. Bianchini, *Mistica della razza ossia la religione come materia umana*, in «Il Campano», 1934, maggio, 3, ma cit. dall'antologia della rivista in P. Nello, *«Il Campano». Autobiografia politica del fascismo universitario pisano (1926-1944)*, Nistri-Lischi, Pisa 1983, p. 187.

gruppo di collaboratori e intellettuali che ruotavano attorno al «Regime fascista» e alla «Vita Italiana». Si trattava di un'area politico-culturale che, non a caso, da posizioni iniziali molto polemiche nei confronti della Germania nazista, con Rosenberg addirittura accusato di essere un agente al soldo del *Kahal*, ovvero di essere un sadico prestato alla politica[24], era man mano passata a costituire l'ala apertamente filonazista del partito e del regime. Per questo gruppo di pressione e di opinione l'opera rivoluzionaria del regime fascista avrebbe potuto trarre un potente impulso dal nazismo, soprattutto sulla via della costruzione dell'«uomo nuovo» e nel contrastare l'opera e l'influenza di quei settori moderati del regime non ancora conquistati alla causa del totalitarismo.

Qualche ricaduta di un'inclinazione del fascismo ad assorbire alcuni aspetti ideologici del nazismo la si può rintracciare anche nell'ambito più squisitamente dottrinario, in settori di quella cultura politica più vicini alle gerarchie del regime. Era, ad esempio, «Critica fascista» che, per motivare l'introduzione delle leggi razziali, inquadrava quella normativa nel sistema ideologico fascista: «l'azione politica, infatti, che dalla dichiarazione è preannunciata, s'inquadra visibilmente nell'opera di unità morale e di educazione nazionale che costituisce il motivo centrale del Fascismo»[25]. È tuttavia significativo come «Critica fascista» ricorresse all'utilizzo di un lessico tipicamente *völkisch*, sostanzialmente estraneo alle tradizioni culturali della rivista, dei suoi collaboratori e infine dello stesso Bottai, osservando che con quella legislazione si cercava di difendere la «comunità di sangue e di destino del popolo italiano»[26]. In altri termini, proprio da una delle maggiori sedi di elaborazione dottrinaria del re-

[24] Per queste accuse, vedi G. Preziosi, *La parola del profeta*, in «La Vita Italiana», 1934, maggio, CCXLIX, p. 512; Id., *Manicomio razzista*, in «La Vita Italiana», 1935, novembre, CCLXVII, pp. 97-98. Sull'atteggiamento molto critico della «Vita Italiana» davanti al primo nazismo e fino alla metà degli anni Trenta, vedi F. Germinario, *Nazionalismo, ascesa del nazismo e antisemitismo tedesco nelle pagine della «Vita Italiana», dall'immediato dopoguerra alla vigilia dell'Asse (1919-1935)*, in *Appendice* a Id., *Razza del Sangue, razza dello Spirito. Julius Evola, l'antisemitismo e il nazionalsocialismo (1930-1943)*, Bollati Boringhieri, Torino 2001, pp. 164 sgg.

[25] Critica fascista, *Politica fascista della razza*, in «Critica fascista», 1° agosto 1938, 19, p. 291.

[26] *Ibid.* Sul consenso di Mussolini a questa posizione espressa dalla rivista di Bottai, vedi quanto scrive De Felice, *Mussolini il duce*, vol. II, *Lo Stato totalitario* cit., pp. 317-18.

gime fascista la politica razziale era ricondotta alla precedente strategia totalitaria; ma questa inscrizione era resa possibile facendo ricorso a una categoria, quella di «comunità di sangue», distante dall'universo ideologico fascista, e certamente estranea alla visione spirituale della nazione.

Questa permeabilità di quei settori di intellettuali più vicini al regime è probabilmente dovuta al loro precedente impegno nella discussione sulle caratteristiche dello Stato totalitario. In un «celebre scritto», uscito proprio all'indomani dell'introduzione delle leggi razziali, era Giuseppe Maggiore a tenere assieme totalitarismo e questione della razza, osservando che lo «Stato totalitario è nazione, popolo e razza», ed era uno «Stato nazionale perché è uno Stato di razza»[27]. Nel campo strettamente giurisprudenziale, Maggiore si spingeva fino al punto di teorizzare una forma di *Führerprinzip* che qualsiasi giurista nazista avrebbe potuto condividere. Il giudice, secondo Maggiore, diveniva interprete del pensiero del Duce, considerato che nell'«incertezza, diviene fonte del diritto, per la legislazione tedesca, il 'sano sentimento del popolo' (*gesundes Volksempfinden*). Per noi potrebbe avere valore di fonte la volontà del Duce, quale si può ricavare dalla sua parola, dal suo insegnamento, dalla sua dottrina. Ove la legge sia oscura, o taccia addirittura, sarà fonte di diritto penale la 'volontà del Capo', che è la legge di ogni legge»[28].

Molto indicativi, almeno per rimanere nell'ambiente dei giuristi fascisti, sono però i casi di Sergio Panunzio e di Carlo Costamagna. Nel ripubblicare un'edizione aggiornata di un suo saggio di dottrina dello Stato uscito due anni prima, Panunzio non poteva non affrontare la questione del razzismo. Pur riconoscendo che la Nazione «non s'identifica [...] con il concetto di razza»[29], il giurista rico-

[27] Entrambe le citazioni in G. Maggiore, *Diritto penale totalitario nello Stato totalitario*, in «Rivista italiana di Diritto penale», 1939, 1, rispettivamente pp. 144, 145. Il giudizio sul saggio di Maggiore è di E. De Cristofaro, *Legalità e pericolosità. La penalistica nazifascista e la dialettica tra retribuzione e difesa dello Stato*, in «Quaderni fiorentini per la Storia del Pensiero giuridico moderno», 2007, 36, p. 1078; ma sulle posizioni di Maggiore, vedi anche quanto scrive in Id., *Codice della persecuzione. I giuristi e il razzismo nei regimi nazista e fascista*, Giappichelli, Torino 2008, pp. 328 sgg.

[28] Maggiore, *Diritto penale totalitario nello Stato totalitario* cit., p. 159.

[29] S. Panunzio, *Teoria generale dello Stato fascista* (I ed. 1937), II ed. ampliata e aggiornata, CEDAM, Milano 1939, p. 31.

nosceva comunque che «non si può concepire la nazione senza la razza»[30]. Panunzio formulava un giudizio sulla razza che ben difficilmente avrebbero potuto condividere i «razzisti spirituali» raccolti attorno a Preziosi e Farinacci, considerato che ribadiva con forza che «'biologico' e soltanto biologico è il concetto di razza»[31].

Da lucido dottrinario del regime, consapevole che la scelta del razzismo rischiava di mettere in discussione alcuni aspetti del tradizionale universo ideologico fascista, Panunzio si preoccupava di salvaguardare almeno il punto forte di quella tradizione ideologica, il concetto di «nazione», osservando che quest'ultimo era un «concetto *complesso*, quello di razza è un concetto *semplice* ed elementare»[32], con la conseguenza che «il concetto di razza funziona ed opera rispetto a quello di Nazione come il *mezzo* rispetto al *fine*, la parte rispetto al tutto»[33]. In altri termini, fermo restando che «non si può concepire la Nazione prescindendo dall'elemento della razza»[34], Panunzio riusciva a salvaguardare il principio ideologico fascista della centralità della nazione. E per rendere ancor più credibile, sotto l'aspetto dottrinario, la sua analisi, Panunzio osservava che non solo la lingua e il territorio contribuivano a determinare la nazione, come sostenuto dalla giuspubblicistica ottocentesca, ma anche «l'unità della razza, come sostrato bioantropologico e semplicemente naturale della Nazione»[35]. Ne conseguiva che «se per aversi una nazione, occorre l'unità della razza [...] è logico inferirne che come più si provvede con la politica appunto della razza o razziale al mantenimento, alla preservazione ed all'incremento della unità, della purezza e della distinzione della razza, tanto più si concorre a costituire, a rassodare e a rinforzare la Nazione»[36].

Precari equilibrismi dottrinari, questi di Panunzio, sia perché s'è detto che una parte significativa dei teorici italiani del razzismo avrebbe difficilmente accettato la riduzione del concetto di razza all'ambito bioantropologico; sia perché quasi tutti i teorici razzisti, a esclusione di un Acerbo, se non scarsamente interessati a stabilire un nesso stretto fra nazione e razza, erano consapevoli, non meno di un

[30] Ivi, p. 34.
[31] *Ibid.*
[32] *Ibid.*
[33] *Ibid.*
[34] *Ibid.*
[35] *Ibid.*
[36] Ivi, p. 35 (ma vedi anche quanto scrive ivi, pp. 71-72).

Panunzio, che la questione della razza metteva in discussione quella della nazione, così come quest'ultima era stata elaborata dal fascismo. Precari equilibri, quelli panunziani, che cedevano, poi, davanti alla scelta dell'antisemitismo, perché, non senza sottolineare che le disposizioni sugli ebrei discriminati rispondevano al «principio romano dell'equità»[37], l'unica giustificazione dottrinaria fornita dal giurista risiedeva nell'adesione al cospirazionismo. E su questo punto, abbandonate le sottili riflessioni giuridico-politiche su come la questione della razza potesse essere fatta rientrare nel concetto fascista di nazione, diventava difficile distinguere il lucido teorico del regime da un qualsiasi pubblicista antisemita: «poiché è risaputo che l'elemento motore della controrivoluzione mondiale contro il Fascismo è l'elemento ebraico, tutt'uno col bolscevismo, se, a misura e fino a che questo attacca o mira ad attaccare, data la solidarietà internazionale della razza ebraica, il Regime fascista, logica e necessaria ne viene [...] la reazione di difesa del regime stesso»[38].

Anche nel caso di Costamagna siamo in presenza di uno dei più rappresentativi esponenti del pensiero giuridico fascista, con la differenza che, nella veste di direttore del mensile «Lo Stato», palestra di confronto teorico-politico fra le più significative del regime, già negli anni precedenti il 1938 aveva ospitato diversi contributi di un esponente del «razzismo spirituale» come Evola[39].

Nella prima edizione del suo *Dottrina del fascismo*, uscito proprio agli inizi del 1938, Costamagna non aveva mancato di criticare il razzismo nazista, osservando che il «'nazionalismo razziale', aspetto ultimo della dottrina nazionalista, rappresenta il più grande pericolo per le sorti della civiltà europea, colla sua pretesa di lanciare i Popoli di questa gli uni contro gli altri in una lotta cieca, non illuminata dal raggio di alcuna idea comune»[40]. Non solo nel testo di Costamagna

[37] Ivi, p. 73.

[38] *Ibid.*

[39] La raccolta dei saggi evoliani usciti sulla rivista di Costamagna vedili ora in Evola, *Lo Stato (1934-1943)* cit. Sul pensiero giuridico e politico di Carlo Costamagna vedi la bibliografia citata in F. Germinario, *Le mensuel «Lo Stato» et ses collaborateurs étrangers (1930-1938)*, in O. Dard, É. Deschamps (dir. da), *Les relèves en Europe d'un après-guerre à l'autre. Racines, réseaux, projets et postérités*, Actes du colloque international d'histoire organisé à Luxemburg le 16, 17 et 18 mars 2005, PIE-Peter Lang, Bruxelles 2005, p. 78, nota 4.

[40] C. Costamagna, *Dottrina del fascismo*, UTET, Torino 1938, p. 195.

non c'era alcun riferimento polemico all'ebraismo, ma egli non mancava di criticare il razzismo nazista anche sotto l'aspetto della dottrina giuridica, contestando l'identificazione nazista fra razza e nazione già avanzata alcuni anni prima da Evola nella sua critica al *Mythus* di Rosenberg[41]. Per Costamagna il limite teorico-politico del nazismo consisteva nell'identificare il concetto di razza con quello di nazione: «la parola 'razza' – osservava Costamagna – viene assunta, dai sostenitori di quella che si chiama la teoria razziale, in modo da costringere il concetto in quello di 'nazionalità' [...] Allora l'incertezza sui caratteri diventa assoluta. Meno che mai può pretendere al titolo di 'razza pura' la nazionalità germanica»[42].

Nella seconda edizione riveduta e ampliata, uscita alla vigilia dell'entrata in guerra dell'Italia, Costamagna rovesciava completamente la sua posizione, dimostrando che l'introduzione delle leggi razziali, almeno ai più attenti custodi della dottrina, comportava l'obbligo di un adeguamento ideologico, costringendoli a guardare con attenzione al nazismo. Il giurista fascista, che ora non mancava di riconoscere a Hitler di avere innalzato «il razzismo ad una specie di teologica predestinazione»[43], riconosceva che il razzismo costituiva un'ulteriore precisazione del nazionalismo, ossia la «*tonificazione* di essa [dell'ideologia nazionalista], in base al rilievo prevalente del dato bioantropologico della razza»[44]. In questo senso, Costamagna riusciva a far rientrare il razzismo nel quadro dell'impostazione tipicamente nazionalistica dell'ideologia fascista: esso costituiva un rafforzamento del nazionalismo nell'epoca in cui le nazionalità erano or-

41 Per la critica di Evola all'identificazione rosenberghiana fra «razza» e «nazione», vedi quanto aveva scritto in *Il «mito» del nuovo nazionalismo tedesco*, in «Vita Nova», 1930, II, ma cit. da Id., *Vita Nova (1925-1933)*, a cura di G.F. Lami, Fondazione Julius Evola, Roma 1999, p. 88. Per un'analisi di questa posizione evoliana, vedi Germinario, *Razza del sangue, razza dello spirito* cit., pp. 44-45.

42 Costamagna, *Dottrina del fascismo* cit., p. 118.

43 C. Costamagna, *Dottrina del fascismo*, ed. or. 1940, ma cit. dalla ristampa Editrice «La Tavola Rotonda» 1982, s.a.i., p. 199. Il volume di Costamagna avrebbe visto un'edizione tedesca col titolo *Fascismus (Entwicklung und Lehre)*, Limbach Verlag, Berlin-Wien 1940. La parte del testo dedicata al problema della razza nel fascismo fu riprodotta, con alcune variazioni, nella voce *Razza*, in Partito nazionale fascista, *Dizionario di politica* cit., vol. IV, *R/Z*. In questa sede si citerà da *Dottrina del fascismo*, riportando comunque tra parentesi, qualora la citazione sia presente anche nella voce *Razza*, la pagina corrispondente.

44 Ivi, p. 189 (corsivo aggiunto).

mai superate. In Costamagna non mancava persino una critica velata al nazismo, come quando metteva in guardia che «la pregiudiziale nazionalista, e ancor di più la pregiudiziale razzista, quando siano esagerate fino alla intransigenza, possono risultare in un certo momento pregiudizievoli allo sviluppo dell'idea del popolo in quella sintesi progressiva che reclama l'idea civile dell'impero»[45]; come a dire che quella di razza era l'idea adeguata nell'epoca storica in cui la lotta politica internazionale era confronto fra imperi, a patto che quell'idea non fosse proposta in termini così rigidi da escludere eventuali alleanze politiche. E tuttavia, per rafforzare la sua posizione, Costamagna introduceva un concetto, quello di «comunità nazionale», che, a suo avviso, il fascismo aveva in «comune col nazionalsocialismo»[46]. Si trattava di un concetto sostanzialmente estraneo alla tradizione giuspubblicistica italiana, almeno a quella fascista, e molto somigliante, invece, al concetto nazista di *Volksgemeinschaft*, considerato che Costamagna identificava infine la nazione con la «comunità nazionale» e quest'ultima con lo Stato[47].

Ci sono infine diversi altri aspetti che rivelano come il nazismo influisse in modo pesante sul sistema ideologico fascista. In questa sede è il caso di indicarne almeno tre.

È significativo che proprio nella seconda metà degli anni Trenta, peraltro in concomitanza della svolta antisemita, malgrado la dilatazione del dibattito sul corporativismo, i contenuti sociali e antiborghesi del regime, prima appannaggio del variegato mondo del fasci-

[45] Ivi, p. 208 (con qualche variazione nel testo, così anche in *Razza* cit., p. 23).

[46] Ivi, p. 203 (ma così, con una lieve variazione linguistica, anche in *Razza* cit., p. 26). «Tratto tratto, reazioni impulsive di folle nei vari paesi, sotto la bandiera dell'antisemitismo, accusarono l'insofferenza popolare per questo predominio dell'ebraismo che in molti casi costituiva un pericolo sociale, oltre che un pericolo culturale. Perciò è accaduto che qualsiasi accentuazione della dottrina nazionalista nei diversi paesi segnasse una ripresa dell'opposizione antiebraica, pur senza chiare direttive. Ormai, il programma dell'antisemitismo si presenta, a titolo razziale, in una riaffermazione totalitaria ed energetica della comunità nazionale, quale difesa dell'arianesimo contro il virus iniettato nel sangue dei popoli europei da questi elementi estranei alla loro stirpe e capaci di travisare qualunque significato e di sangue e di dottrina»: p. 199 (con una lieve variazione nella punteggiatura, così anche in *Razza* cit., pp. 25-26).

[47] «Per questa [la rivoluzione fascista], lo Stato è il modo di essere necessario di una 'nazione', la quale risulta appunto dall'assunzione del 'popolo' a soggetto dello Stato, sicché 'nazione' o 'comunità nazionale' è lo Stato inteso nella sua piena socialità» (p. 207).

smo di sinistra[48] raggruppato attorno ai teorici del corporativismo, ai sindacati e alle riviste espressioni dei Gruppi universitari fascisti, subissero una declinazione diversa, il cui contenuto antiborghese e anticapitalistico, seppur presente, era comunque subordinato a un taglio razzista e antisemita.

In genere, la polemica contro lo «spirito ebraico» se, per un verso, ambì a collocarsi all'interno della più vasta polemica contro la borghesia avviata dal regime, per l'altro, presentò alcuni momenti di recupero di quegli aspetti e di quei temi socialisteggianti e populistici che pure avevano svolto una funzione di rilievo nella tradizione dell'immaginario antisemita. Verrebbe da osservare che, a muovere dal 1938, la critica fascista della borghesia subisce una sensibile declinazione in senso antisemita, tanto che in diverse voci della pubblicistica del regime la critica della borghesia e del capitalismo, fino ad allora formulata in termini economico-politici a sostegno della prospettiva corporativa, s'identificò spesso col paradigma antiborghese e antimaterialistico dell'universo ideologico antisemita, o comunque trovò proprio in questo paradigma una sicura declinazione attraverso cui esprimersi.

Il secondo aspetto è che la campagna sulla razza e l'introduzione delle leggi razziali favorirono l'emersione di un'area di intellettuali pressoché sconosciuti, come nel caso di Landra, Cogni, Scaligero e altri, ovvero che erano fino ad allora rimasti ai margini del dibattito culturale, come nel caso di Evola e degli intellettuali che si raccoglievano attorno al «Diorama filosofico». Questo fenomeno assume un rilievo che trascende i dati strettamente biografici, inerendo problemi di natura ideologico-politica. Si faceva strada, infatti, un'area di intellettuali poco o nient'affatto sensibili ai temi economico-sociali e del tutto estranei a qualsiasi suggestione corporativa, emarginando di converso la generazione che, dalla fine degli anni Venti alla metà degli anni Trenta, spesso sotto la protezione di Bottai e l'ospitalità di riviste come «Critica fascista» e «Nuovi studi di diritto, economia e politica», si era formata nel gigantesco dibattito sul corporativismo.

L'introduzione delle leggi razziali veniva lentamente modificando, se non gli equilibri politici, certamente la dialettica culturale al-

[48] Vedi G. Parlato, *La sinistra fascista. Storia di un progetto mancato*, Il Mulino, Bologna 2000.

l'interno del variegato settore rivoluzionario e più radicale del regime, dove stavano prendendo piede e si rafforzavano – a vantaggio di coloro che richiamavano a un maggior impegno sociale in senso antiborghese, identificando il totalitarismo come una rivoluzione in senso anticapitalistico – quelle voci e posizioni secondo le quali l'avvento del sistema totalitario e la costruzione dell'«uomo nuovo» non solo non necessariamente si identificavano col corporativismo («affaccendati epigoni dell'idealismo gentiliano», sarebbero stati bollati da Evola i teorici del corporativismo vicini a Ugo Spirito)[49], ma dovevano invece assumere una forte connotazione razzista e antisemita. Viene man mano affermandosi la convinzione che la realtà politica totalitaria non passi più attraverso l'affermazione del sistema corporativo – o comunque, non più solo attraverso quest'ultimo –, ma tramite una prospettiva chiaramente razzista. Non il sistema corporativo diveniva testimonianza storica di un nuovo ordine economico-sociale, ché il corporativismo diventava poco più che una forma di socialismo, essendo indifferente alla razza e alle sue qualità intrinseche; ma il dominio dell'arianità, quale principio originario su cui fondare il nuovo ordine economico-sociale. La generazione di intellettuali che orientò il dibattito sulla razza non si spinse fino al punto da sostenere una contrapposizione fra corporativismo e razzismo; essa preferì comunque collocarsi su posizioni politiche in cui la domanda di intensificare la costruzione dello Stato totalitario riconosceva come unica arma cui ricorrere la leva razziale, emancipata dal nuovo panorama economico-sociale che avrebbe dovuto caratterizzare il sistema corporativo.

C'è poi il terzo aspetto, probabilmente quello più decisivo nel rivelare il magnetismo esercitato sul fascismo dal nazismo. A fronte delle leggi razziali, il corporativismo si declinava quale strategia economico-sociale, un modello che necessariamente avrebbe dovuto contaminarsi, fino a diluirsi, nel più generale panorama contrassegnato dalla razzizzazione della nazione. La prospettiva corporativa si basava, infatti, sul riconoscimento dell'esistenza delle classi sociali, le quali avrebbero dovuto concorrere allo sviluppo della nazione, ciascuna secondo le proprie competenze e la collocazione nel siste-

[49] J. Evola, *Contrabbandi ideologici*, in «Lo Stato», 1939, ottobre, 11, ma cit. da Id., *Lo Stato (1934-1943)* cit., p. 303.

ma produttivo. La razzizzazione della nazione decretava invece la crisi di questo modello ideologico, procedendo a un annullamento delle specificità nell'ambito della produzione, sostituite dalla logica razziale: nel momento in cui tutti, esclusi gli ebrei, erano ariani, scomparivano le collocazioni sociali pur riconosciute dal modello corporativo. Il corporativismo presentava il marchio di una ridefinizione del rapporto Stato-società, eliminando le spinte pluralistiche, atomistiche e individualistiche tipiche della società borghese[50]. Tuttavia, il corporativismo rischiava di diventare, agli occhi di diversi intellettuali razzisti, poco più che una formula di governo della società: muoveva dalla necessità di organizzare le masse, ma risultava privo di un'effettiva spinta totalitaria e rivoluzionaria, che poteva esserle assicurata solo da una visione razzista dell'azione politica. Era sufficiente superare l'individualismo borghese, procedendo all'organizzazione delle masse, oppure si poneva all'agenda politica il problema della qualità razziale delle masse, quale unico terreno di un definitivo superamento della logica borghese? Lo Stato corporativo era attrezzato a governare l'individuo, non certo a modificarne le caratteristiche antropologiche; ciò significava che avrebbe dovuto essere il corporativismo a farsi razzista, piuttosto che il razzismo a farsi corporativo.

L'ordine e la logica razziali prevalevano inevitabilmente sull'ordine e la logica economico-sociale corporativi; la razza veniva prima della corporazione, in una specie di rinnovamento della gerarchia dei momenti della partecipazione e dell'organizzazione politica, non foss'altro perché proprio l'appartenenza razziale evolveva a prerequisito necessario per la partecipazione al sistema corporativo.

[50] Vedi, da ultimo, I. Stolzi, *L'ordine corporativo. Poteri organizzati e organizzazione del potere nella riflessione giuridica dell'Italia fascista*, Giuffrè, Milano 2007.

6

Tra «razzismo biologico» e «razzismo spirituale»

La ricerca storiografica ha già ampiamente studiato il dibattito fra il «razzismo biologico», attento a valorizzare l'aspetto genetico ed ereditarista, essenzialmente mutuato dalla medicina («la scienza è con noi», aveva sostenuto con sicurezza Interlandi, inaugurando «La Difesa della Razza»)[1] e il «razzismo spirituale», attento a valorizzare le differenze culturali e spirituali fra i cosiddetti popoli «ariani» e l'ebraismo, evidenziando come il razzismo fascista avesse avuto un esordio esplicitamente «biologico», per poi vedere una successiva prevalenza di quello «spirituale».

Quanto alla terza corrente, quella definita «nazional-razzista» in sede di ricostruzione storiografica, costituita da teorici quali Pende e dal suo esponente politico più rappresentativo, Acerbo, e più attenta a valorizzare il concetto di «stirpe italiana», in una visione che sembrava riprendere alcune suggestioni del nazionalismo italiano in età giolittiana[2], essa riuscì a trovare una discreta rappresentatività nell'ambito delle strutture statali impegnate nella politica razziale e

[1] [Anonimo, ma attribuibile a Telesio Interlandi], *Il Partito e il razzismo italiano*, in «La Difesa della Razza», 5 novembre 1938, 1, p. 2.

[2] Vedi, nella consistente bibliografia sulle tre correnti culturali del razzismo fascista, almeno, fra i contributi più recenti, G. Israel, P. Nastasi, *Scienza e razza nell'Italia fascista*, Il Mulino, Bologna 1998; R. Maiocchi, *Scienza italiana e razzismo fascista*, La Nuova Italia, Scandicci (FI) 1999; A.-M. Matard-Bonucci, *L'Italia fascista e la persecuzione degli ebrei*, ed. or. 2007, trad. it., Il Mulino, Bologna 2008, in partic. la Parte Terza, pp. 141 sgg.

nel settore accademico-scientifico. Tuttavia, l'impressione storiografica è che si trovò schiacciata fra le altre due correnti, sia perché non disponeva di un organo di stampa attraverso cui esprimersi per far valere le proprie posizioni razziste, sia perché, col precipitare della situazione politica internazionale e con lo scoppio della guerra, venivano ad esaurirsi gli spazi di un'eventuale marcata differenziazione del razzismo fascista dal razzismo nazista. Con un vigore polemico che comunque coglieva nel segno, era stato Preziosi a osservare che quello di Acerbo era un razzismo fondato sul «vecchio nazionalismo [...] che conosceva solo la 'Nazione'»[3].

Delle tre, il «nazional-razzismo» costituiva forse la corrente con meno respiro politico, a malapena surrogato dalla proposta di «ortogenesi totalitaria» di Pende, e priva di un definito bagaglio teorico. Come aveva osservato Interlandi all'inizio della campagna razziale proprio in polemica con le posizioni «nazional-razziste», la «concretezza biologica» imponeva di evitare di «parlare di stirpe, in senso retorico, e di progenie, in senso comiziale, quando stirpe e progenie non hanno altro valore che quello di puro suono nella rotonda bocca dei retori»[4].

Con Acerbo questa corrente del razzismo rivelava scetticismo nei confronti del concetto di «ariano», giudicato «qualificazione [...] impropria e imprecisa»[5] in termini di classificazione delle razze, non solo perché gli ariani erano a loro volta «la risultanza della mistione»[6] di altre razze precedenti, ma perché costituiva una caratterizzazione «puramente linguistic[a]»[7]. Fermo restando che in sede di dibattito scientifico il concetto di «razza» era nient'affatto chiaro, almeno «nel senso puramente naturalistico»[8], molto più produttivo, secondo Acerbo, sarebbe stato semmai il ricorso a quello di «stirpe», il quale «non si sequestra in un solo settore dello scibile, ragguardevole quanto vogliasi – e sia esso zoologico, etnologico, storico e così

[3] Così in una nota introduttiva, firmata g.pr., all'articolo di J. Evola, *Scienza, razza e scientismo*, ma cit. da Id., *I Testi de «La Vita Italiana»*, t. II, *1939-43*, a cura di I. De Giorgi, Edizioni di Ar, Padova 2005, p. 454.

[4] Entrambe le citazioni in T. Interlandi, *Contra Judaeos*, Tumminelli & C., Roma 1938, p. 135.

[5] G. Acerbo, *I fondamenti della dottrina fascista della razza*, Ministero della Cultura Popolare-Ufficio Studi e Propaganda sulla Razza, Roma s.d. [1940], p. 52.

[6] Ivi, p. 55.

[7] Ivi, p. 54.

[8] Ivi, p. 21.

via – ma da tutti attinge gli elementi per la sua perfetta integrazione ed efficienza»[9]. Per l'Italia, infine, «non si può [...] parlare di razza ariana»[10]; e se il regime e la sua propaganda vi avevano insistito, era stato solo per un «significato convenzionale e un uso provvisorio»[11].

Acerbo metteva forse in discussione i capisaldi della dottrina fascista della razza? Proprio l'esposizione del programma di un razzismo nazionalista, da parte di Acerbo, coincideva con l'eclisse di quell'ipotesi teorico-politica. Acerbo spingeva le sue precisazioni al punto massimo consentito, oltre il quale non ci sarebbero state solo le critiche, aspre quanto puntigliose, di Interlandi e Preziosi, ma il dichiarato dissenso, se non una vera e propria eresia ideologica, nei confronti degli indirizzi e della politica razziale del regime fascista[12]. A ben guardare, il gerarca fascista cercava di salvaguardare l'autonomia teorica del razzismo fascista rispetto a quello nazista: un'autonomia che, a suo avviso, avevano smarrito sia il «razzismo biologico» di Interlandi, sia, malgrado le critiche e le distinzioni, il «razzismo spirituale» che si raccoglieva attorno alla redazione della «Vita Italiana».

Ciò che il gerarca fascista non sembrava cogliere era che in quella congiuntura storica e con quel panorama teorico-politico, in cui la spinta al totalitarismo era ancor più marcata, tenere assieme il concetto di «razza» con quello di «nazione» e declinare il razzismo in termini di «stirpe» costituiva una soluzione teorica non più praticabile perché politicamente arretrata; era poco più che un cascame dei richiami alla razza italiana tipici del primo nazionalismo, perché era ormai il medesimo concetto di «razza» a decretare il tramonto di quello di «nazione». I confini fra le razze avevano abolito quelli fra le nazioni; e, come già aveva osservato Evola all'indomani della firma dell'Asse Roma-Berlino, lo scontro che si prospettava non era più fra nazioni, e men che meno fra «stirpi», bensì fra *Weltanschauungen* espresse da razze tra loro nemiche[13].

[9] Ivi, p. 25.
[10] Ivi, p. 55.
[11] Ivi, p. 56.
[12] Sulle critiche sia dei razzisti italiani che di quelli tedeschi alle posizioni di Acerbo, vedi M. Michaelis, *Mussolini e la questione ebraica. Le relazioni italo-tedesche e la politica razziale in Italia*, ed. or. 1978, trad. it., Comunità, Milano 1982, pp. 311-13.
[13] Vedi A. Langdorff, *Conferenza serale del barone Julius Evola nel circolo di studi, Berlino lì 10.XII.1937*, testo riportato in G. de Turris, B. Zoratto (a cura di), *Julius Evola nei rapporti delle SS*, Fondazione Julius Evola, Roma 2000, pp. 14-15.

Insomma, quella di Acerbo era un'impostazione politica ancora più arretrata di quella dell'Orano del 1937. Il gerarca fascista ragionava come il Rocco del 1914 o il Preziosi del periodo della prima guerra mondiale e dell'immediato dopoguerra, in una situazione in cui la questione del razzismo costituiva la ragione non ultima di un espansionismo che annullava del tutto il tradizionale bagaglio teorico-politico nazionalista, ripensando la politica non più come contesa fra nazioni, ma lotta fra razze per la conquista di vasti spazi. In una congiuntura politico-culturale in cui si discuteva di «nuovo ordine europeo», di «spazi imperiali» e di *Lebensraum*, si decretava necessariamente il superamento di concetti quali quello di «stirpe»; e a ben poco valevano le considerazioni dei nazional-razzisti sulla necessità di identificare i concetti di «razza» e «stirpe», fermo restando che il termine «razza» rimandava «a classificazioni antropologiche e zoologiche nettamente materiali»[14]. Le teorie di Pende sull'esistenza di una «razza-sintesi», caratterizzata dalla «miscela dei vari elementi originari», e sulla necessità pertanto di ripensare il concetto di razza quale «entità in continuo divenire»[15] non reperivano più gli spazi storici per realizzarsi. Come avrebbe osservato un esponente minore del «razzismo spirituale», Felice Graziani, quella del «nazional-razzismo» era una posizione priva di una «solida filologia e lontanissima dal sospettare quella sostanza spirituale, eroica che sta nel fondo della parola 'razza'»[16]. Erano proposte che mancavano di quel respiro di radicalismo politico adeguato a presentare la guerra quale apocalittico scontro dei popoli ariani contro le demoplutocrazie giudaiche.

Il vero contrasto, sia politico che ideologico, nato nel 1938 e conclusosi solo nel 1944 – quando, attorno alla rinata «Vita Italiana», nel clima di feroce caccia all'ebreo che s'instaurò nella Repubblica sociale, Preziosi riuscì a radunare in un fronte unitario gli ultimi espo-

[14] Così V. Mazzei, *Razza e Nazione*, Edizioni Italiane, Roma 1942, p. 70, secondo il quale, essendo il concetto di «stirpe» «troppo elevato, concetto buono per le categorie colte», il riferimento a quello di «razza» rispondeva all'esigenza propagandistica del regime di rivolgersi «alle masse colonizzatrici e per parlare alle masse ed esserne ascoltati occorre un linguaggio semplice e d'immediata comprensione» (*ibid.*).

[15] N. Pende, *Moderna dottrina della razza. Il principio biotipologico unitario*, in «Gerarchia», 1940, novembre, 11, p. 570.

[16] F. Graziani, *Vivere la razza*, in «Diorama filosofico», suppl. a «Il Regime fascista», 21 dicembre 1941.

nenti del razzismo italiano, da Cipriani e Interlandi a Scaligero[17] –, fu fra il «razzismo biologico» e il «razzismo spirituale».

Ai fini della nostra analisi, è il caso di approfondire alcuni aspetti e problemi in genere accantonati o non del tutto valutati dal dibattito storiografico precedente.

Intanto, le tre correnti non esauriscono il panorama dell'antisemitismo e del razzismo fascista, nel senso che se il dibattito nelle riviste addette specificamente alla propaganda antisemita fu molto vivace, soprattutto nel 1938-39, è anche verosimile che, man mano che esso ricadeva nella stampa e negli organismi di massa del regime, non sempre rendeva evidente dove l'influenza o il riferimento a una corrente sostituisse o sopravanzasse le altre. Le differenziazioni si stemperavano e le posizioni «biologiche» e «spirituali» talvolta si sovrapponevano e s'incrociavano, soprattutto in due organismi molto delicati per il funzionamento del regime totalitario, come i GUF e il mondo sindacale.

In quest'ultimo settore, ad esempio, i riferimenti alle istanze antiborghesi e anticapitalistiche dell'antisemitismo furono faticosamente inquadrati nella più complessiva polemica contro la borghesia[18]. Quanto all'area della stampa universitaria[19], l'attenzione e i giudizi positivi verso il razzismo nazista favorirono uno spazio iniziale per le tesi del «razzismo biologico», per poi lasciare il campo a una sensibile prevalenza della corrente del «razzismo spirituale». Questa corrente politico-culturale era certamente più attrezzata a intercettare e rappresentare le esplicite istanze rivoluzionarie e totalitarie presenti nell'ambiente dei giovani intellettuali che gravitavano attorno ai GUF[20].

[17] Vedi F. Germinario, *Antisemitismo senza ebrei. I temi dell'attività pubblicistica dell'ultimo Preziosi (1943-1945)*, in M. Sarfatti (a cura di), *La Repubblica sociale italiana a Desenzano: Giovanni Preziosi e l'Ispettorato generale per la razza*, Giuntina, Firenze 2008, pp. 79-80.

[18] Notizie sulla presenza di temi antisemiti e razzisti nella stampa sindacale in G. Parlato, *La sinistra fascista. Storia di un progetto mancato*, Il Mulino, Bologna 2000, pp. 113 sgg.; ma vedi anche Id., *Polemica antiborghese, antigermanesimo e questione razziale nel sindacalismo fascista*, in «Storia contemporanea», 1988, dicembre, 6, pp. 1189-221.

[19] Vedi L. La Rovere, *Storia dei GUF. Organizzazione, politica e miti della gioventù universitaria fascista (1919-1943)*, Bollati Boringhieri, Torino 2003, pp. 339 sgg.; S. Duranti, *Lo spirito gregario. I gruppi universitari fascisti tra politica e propaganda (1930-1940)*, Donzelli, Roma 2008, pp. 322 sgg.

[20] Su questo, vedi le considerazioni di R. De Felice, *Mussolini l'alleato*, vol. 1. *L'Italia in guerra (1940-1943)*, t. 2, *Crisi e agonia del regime*, Einaudi, Torino 1990, p. 879.

È da sollevare, poi, una questione metodologica, del tutto trascurata dalla storiografia e che non afferisce tanto l'antisemitismo fascista, bensì la tradizione culturale dell'antisemitismo otto-novecentesco: con questa suddivisione fra «razzismo biologico» e «razzismo spirituale» siamo in presenza di un percorso «latino» e «mediterraneo» all'antisemitismo?

La suddivisione fra un razzismo del «Sangue» e un razzismo dello «Spirito» fu probabilmente alimentata da una precedente assenza di una chiara dottrina fascista dell'antisemitismo prima del 1938: mancando una dottrina ufficiale del regime, le rivendicazioni in nome dell'ortodossia ideologica trovarono uno spazio fertile per moltiplicarsi.

E tuttavia, questa suddivisione era una specificità tutt'altro che italiana e fascista – come in genere si sostenne nel dibattito all'interno del regime –, costituendo la riproposizione di una discussione in atto nell'antisemitismo contemporaneo fin dalle sue origini. Era una distinzione che non faticheremmo a rintracciare nelle pagine introduttive dei *Juifs, rois de l'époque* di Toussenel.

Le pagine introduttive del saggio di Toussenel sono da giudicarsi il vero e proprio atto di nascita di un antisemitismo contemporaneo che tendeva a mantenere distinte le ragioni del Sangue da quelle dello Spirito. Era proprio in quella sede, infatti, che il socialista fourierista francese aveva distinto fra gli «ebrei», la borghesia finanziaria che, secondo Toussenel, seguiva ormai un codice di comportamento economico tipicamente ebraico, e i «giudei», ossia gli ebrei di «sangue»: «chiamo [...] col disprezzato nome di ebreo qualsiasi trafficante, ogni parassita improduttivo, che vive della sostanza e del lavoro altrui [...] Non tutti gli ebrei che attacco sono della Giudea»[21].

La distinzione toussenelliana fra «ebrei» e «giudei» si era riprodotta, ulteriormente arricchita e articolata, nell'antisemitismo successivo, divenendo addirittura uno dei punti più significativi di quell'universo ideologico[22]. E, com'è noto, proprio al volgere degli anni Trenta era stato un intellettuale reazionario della statura teorica di Maurras

[21] A. Toussenel, *Les Juifs, rois de l'époque. Histoire de la féodalité financière*, vol. I, ed. or. 1845, ma cit. dall'ed. Marpon & Flammarion, Paris 1886, p. XI (ma vedi anche p. 159).

[22] Vedi F. Germinario, *Ebrei, inglesi, cinesi, mongoli e tartari: materiali sul procedimento di ebreizzazione nella cultura politica dell'immaginario antisemita*, in «Il Presente e la Storia», 2006, 70, pp. 293-335.

a criticare l'antisemitismo tedesco, giudicandolo un «antisemitismo di pelle», contrapponendovi il proprio «antisemitismo di Stato»[23].

In altri termini, non solo la contrapposizione fra «Sangue» e «Spirito» era lontana dal costituire una novità prodotta dal dibattito teorico-politico fascista; ma quella degli spiritualisti era una tendenza che aveva attraversato tutto l'antisemitismo teorico, alimentando a sua volta impulsi «differenzialisti» e «culturalisti» che, neanche tanto occulti in numerosi autori antisemiti già prima del 1945 – ancorché intrecciati alle teoricamente ben più tradizionali e sicure istanze di gerarchizzazione biologica delle razze –, sarebbero notoriamente esplosi, trovando un definitivo supplemento di rielaborazione, nel razzismo del secondo dopoguerra[24].

D'altro canto, è il caso di rilevare che la corrente del «razzismo biologico» al momento della pubblicazione del *Manifesto della razza* era pressoché inesistente sul piano dottrinario, anche se non erano certamente mancati i contributi che guardavano con favore alla linea biologica del razzismo nazista. Il razzismo biologico che si esprimeva, su impulso di Interlandi, sul «Tevere» e «Quadrivio» tradiva in modo palese di non avere affatto una strategia precisa in materia sia di razzismo in generale, sia di razzizzazione della nazione nello specifico. Per molti aspetti si trattava della riproposizione dei consueti stereotipi antisemiti e delle tematiche del razzismo colonialista della seconda metà dell'Ottocento, rielaborati in funzione delle posizioni politiche radicali.

Se si esclude la vasta pubblicistica dedicata a quel razzismo coloniale che trovava in Lidio Cipriani uno dei suoi esponenti più significativi, probabilmente il testo rappresentativo del «razzismo biologico» era stato quello di Giulio Cogni, uscito nel 1937[25].

[23] Vedi, da ultimo, B. Goyet, *Charles Maurras*, Presses de la Fondation Nationale des Sciences Politiques, Paris 2000, pp. 266 sgg.

[24] Sulla questione del cosiddetto «razzismo differenzialista», vedi, per tutti, P.-A. Taguieff, *La forza del pregiudizio. Saggio sul razzismo e sull'antirazzismo*, Il Mulino, Bologna 1994, il cui unico limite, a nostro avviso, è stato di non avere valorizzato le tendenze differenzialiste ampiamente presenti nel razzismo e nell'antisemitismo precedenti il 1945.

[25] G. Cogni, *Il razzismo*, Bocca, Milano-Parigi 1937 (su Cogni, notizie in F. Cassata, *«La Difesa della razza». Politica, ideologia e immagine del razzismo fascista*, Einaudi, Torino 2008, pp. 24 sgg., nonché in G. Rota, *Intellettuali dittatura razzismo di Stato*, Franco Angeli, Milano 2008, pp. 26 sgg.).

L'importanza del libro di Cogni crediamo sia da individuare, infatti, nella riproposizione delle tesi del razzismo nazista, deprivata di tutte le distinzioni e le critiche, talvolta anche acerrime, che fin dagli anni precedenti, dalle colonne dello «Stato» e della «Vita Italiana», erano state puntualmente formulate dai teorici del «razzismo spirituale», e in particolare da Evola. Con Cogni non si rimaneva più all'interno del dibattito sul razzismo nelle colonie, un tema su cui, del resto, l'atteggiamento dei teorici delle varie «scuole» del razzismo italiano non poteva che essere unanime; ma si affrontavano problemi ben più pregnanti e tutt'altro che assodati in sede di dibattito ideologico, quale, ad esempio, quello della differenza fra nazismo e fascismo in materia di concezione della nazione.

Tra citazioni da Rosenberg e da Hitler, Cogni riconosceva che la visione spirituale della nazione promossa dal fascismo – quella per cui «solo l'unione degli spiriti fa la Nazione: unione degli spiriti che c'è non appena essi dichiarano sinceramente di volersi unire e si fondano su una comune storia di aspirazioni»[26] – per il nazismo costituiva un «errore fondamentale», perché si trattava di una concezione «universalistica quanto mai, che mira, anche senza volere, a separare i valori generici, così detti spirituali e ideali, dalla concretezza della vita, nella cui carne tutto ciò che è generico [...] deve calarsi»; nella visione fascista della nazione, insomma, «l'ebreo può consentire con il latino»[27].

Se la nazione, invece, oltre che una dimensione spirituale, doveva anche avere attinenza con l'identità di sangue, la conseguenza consisteva nella necessità di una maggiore attenzione agli aspetti biologici, genetici e somatici. In questo modo, Cogni riproponeva in modo quasi piatto l'immagine rosenberghiana del corpo specchio dell'anima, osservando che «la carne è come il sacramento dello Spirito, e la nobiltà dell'animo non può scompaginarsi dall'equilibrata potenza e dal forte sviluppo delle membra»[28].

Considerate queste posizioni, non era un caso che il libro di Cogni fosse stroncato sulla «Vita Italiana». Toccava a Evola, infatti, il compito di erigersi ad accusatore del «razzismo biologico», imputando Cogni di essere un «gentiliano» dedito a «esposizioni quanto

[26] Ivi, p. 14.
[27] Entrambe le citazioni *ibid.*
[28] Ivi, p. 5.

mai confuse e tendenziose»[29]. Era una stroncatura tutt'altro che sorprendente, perché già da anni Evola aveva contestato al razzismo nazista che la fondazione della Nazione sul Sangue comportava, tra gli altri rischi e contraddizioni, una *Blutsdemokratisierung*, ossia l'inscrizione nel cerchio stretto dell'arianità di quei settori di popolazione estranei sia a qualsiasi coscienza politica sia a quella razziale. Come a dire che un'accentuazione delle ragioni biologiche a vantaggio di quelle spirituali comportava un rinnovato primato del plebeismo egualitario, tipico della cultura democratica: all'egualitarismo politico si sostituiva l'egualitarismo razziale[30], ossia una forma politicamente perversa di socialismo razziale.

Se è difficile parlare di una corrente del «razzismo biologico» prima del 1938, se non con riferimenti al razzismo coloniale, viceversa, a quella data il «razzismo spirituale» era già bene attrezzato sotto l'aspetto teorico, perché poteva rivendicare le sue origini a qualche anno prima, precisamente alle critiche evoliane a Rosenberg e nell'ospitalità, sulle riviste di riferimento, ad alcuni autori razzisti tedeschi scettici in merito alle esasperazioni biologiche del razzismo nazista. A promuovere questa ospitalità, quasi sicuramente ispirata da Evola, in rapporti politici e personali con diversi esponenti della *konservative Revolution*, era stato «Diorama filosofico», il supplemento culturale, curato proprio da Evola fin dal 1934, al quotidiano di Farinacci «Il Regime fascista».

La vicenda di «Diorama filosofico» è stata quasi sempre trascurata dalla pur consistente storiografia sull'epoca fascista[31], da un lato, perché scarsa fu la partecipazione di intellettuali italiani di un certo rilievo; dall'altro lato, perché su quella vicenda ha probabilmente pesato il giudizio sulla figura del suo protettore politico, Farinacci, giudicato quale leader di un fascismo squadrista e razzista diffiden-

[29] Arthos [pseud. di J. Evola], *Gli ebrei in Italia e il vero problema ebraico*, in «La Vita Italiana», 1937, giugno, CLXXIV, ma cit. da Id., *I testi de «La Vita Italiana»* cit., t. I, *1931-38*, p. 306, nota 1.

[30] Per queste critiche di Evola al razzismo nazista, vedi F. Germinario, *Razza del Sangue, razza dello Spirito. Julius Evola, l'antisemitismo e il nazionalsocialismo (1930-1943)*, Bollati Boringhieri, Torino 2001, pp. 43 sgg.

[31] Su «Diorama filosofico» vedi A. Cavaliere, *Fascismo e tradizione: per una critica dell'analisi tradizionalista del fascismo. Il contributo di «Diorama filosofico» (1934-1943)*, Tesi di dottorato, coordinatore D. Sacco, XVIII ciclo, Università del Salento, Dipartimento di Lingue e Letterature straniere, a.a. 2006-2007.

te, se non addirittura ostile al mondo della cultura. Invece, proprio quel supplemento è da considerarsi uno dei tasselli più interessanti per comprendere alcune dinamiche ideologiche del regime nel corso degli anni Trenta. L'importanza del «Diorama filosofico» consiste nel tentativo di contaminare la cultura del regime fascista con istanze e suggestioni provenienti da autori stranieri, tutte accomunate da una dichiarata ostilità nei confronti della modernità e della democrazia[32]. Probabilmente il «Diorama filosofico» sotto l'aspetto culturale fu una delle iniziative meno provinciali espresse dal fascismo. In questa sede, accanto ad articoli di esponenti delle alte gerarchie naziste (Himmler), erano man mano comparsi contributi di teorici del tradizionalismo come Guénon e di rappresentanti della *konservative Revolution*; e sempre in quella sede erano già apparsi contributi di teorici del «razzismo spirituale», da Rossi di Lauriano a Massimo Scaligero, da considerare più che altro quali intellettuali di frontiera del regime fascista. Forte della constatazione che non esisteva ancora una versione italiana e fascista del razzismo, proprio Rossi di Lauriano aveva avuto modo di polemizzare col razzismo biologico nazista imputandolo della più infamante delle accuse, ossia di essere una forma di razzismo non adattabile nel caso del fascismo italiano, in quanto «semi-socialista», oltre che «scientista»[33].

Un altro organo del «razzismo spirituale» era poi il mensile «Lo Stato», il quale, sull'onda della valorizzazione del pensiero di Carl Schmitt, aveva pubblicato articoli di autori come Spann e Stapel, non a caso dedicati al tema del razzismo. Proprio Stapel era stato molto critico nei confronti del razzismo nazista; l'«interpretazione da noi [...] corrente del fenomeno della razza è falsa», a cominciare dalla convinzione della razza pura, perché «di regola a produrre

[32] Nel dopoguerra, ricostruendo la vicenda di «Diorama filosofico», Evola avrebbe rivendicato al supplemento la qualifica di «massimo organo dell'ortodossia fascista, dopo il *Popolo d'Italia*»: è un giudizio destituito da qualsiasi fondamento storiografico. Per il resto, la ricostruzione evoliana dell'ambiente culturale che ruotò attorno al «Diorama filosofico» risultava abbastanza fedele, soprattutto quando osservava che «laddove era difficile, allora, che si potesse essere bidelli se non si aveva la tessera, questa non era la condizione per collaborare» (entrambe le citazioni in J. Evola, *Farinacci*, in «Meridiano d'Italia», 8 maggio 1955, ma cit. da Id., *I testi del «Meridiano d'Italia»*, a cura di F. Ingravalle, Edizioni di Ar, Padova 2002, p. 189).

[33] C. Rossi di Lauriano, *Razzismo fascista: problema inattuale*, in «Diorama filosofico», suppl. a «Il Regime fascista», 27 aprile 1937.

creazioni geniali sono uomini dell'eredità mista», e poi per il motivo per cui «se portata oltre un certo segno, la purità di razza conduce alla degenerazione anziché alla perfezione paradisiaca»[34]. Si trattava di una critica che, osservata attraverso il filtro del dibattito che qualche anno dopo avrebbe opposto in Italia «razzismo biologico» e «razzismo spirituale», sembrava anticipare alcuni argomenti di quest'ultima corrente. Attraverso queste critiche di autori tedeschi, ma anche con i contributi di autori italiani, il «razzismo dello spirito» poneva dunque la propria candidatura a ispiratore di un'eventuale politica razziale, qualora fosse stata introdotta anche in Italia.

Ma se il «razzismo spirituale» era una corrente politico-culturale già costituita e attiva alla vigilia dell'introduzione delle leggi razziali, quali sono i motivi per cui proprio questa corrente fu sostanzialmente esclusa dalle prime mosse della campagna di propaganda orchestrata dal regime fascista? Perché furono favoriti Interlandi e il gruppo di «razzisti biologici» e non Preziosi e gli intellettuali del «razzismo spirituale»?

Il fatto che a ispirare il *Manifesto* degli scienziati razzisti nel luglio del 1938 fosse un razzismo d'impianto squisitamente biologico e che a dirigere «La Difesa della Razza» fosse chiamato un razzista «biologico» come Interlandi richiede alcuni ordini di spiegazioni.

Nella fattispecie della situazione del regime fascista, Interlandi era il giornalista più accreditato a dirigere l'organo ufficiale della campagna razziale intanto perché erano risapute le sue precedenti campagne di stampo razzista e antisemita condotte sul «Tevere» e su «Quadrivio». Ma probabilmente a suo vantaggio militava un altro motivo politico ben più decisivo. Sia Interlandi che Preziosi potevano vantare una indiscutibile militanza antisemita, addirittura ventennale nel caso del secondo; entrambi, inoltre, sia pure da posizioni diverse, figuravano quali esponenti e portavoce dei settori politici del radicalismo fascista. Tuttavia, il radicalismo politico di Interlandi era stato spesso eterodiretto da Mussolini, costituendo un ra-

[34] Tutte le citazioni in W. Stapel, *La teoria razziale*, in «Lo Stato», 1935, gennaio, 1, p. 15. Su questo, vedi F. Germinario, *Le mensuel «Lo Stato» et ses collaborateurs étrangers (1930-1938)*, in O. Dard, É. Deschamps (dir. da), *Les relèves en Europe d'un après-guerre à l'autre. Racines, réseaux, projets et postérités*, Actes du colloque international d'histoire organisé à Luxemburg le 16, 17 et 18 mars 2005, PIE-Peter Lang, Bruxelles 2005, pp. 86-88.

dicalismo politico che era diretta emanazione delle alte gerarchie del regime fascista.

Il radicalismo politico di Preziosi presentava una dimensione differente, perché il direttore della «Vita Italiana» negli anni precedenti non era arretrato dallo sviluppare le polemiche anche con alcuni settori importanti del regime. Preziosi, per le frequentazioni e i rapporti politici, a cominciare da quelli con Farinacci, presentava uno spessore politico sicuramente meno affidabile, essendo dotato, rispetto a diversi ambienti del regime, di una maggiore autonomia politica associata alle numerose inimicizie che si era guadagnato con le polemiche degli anni precedenti; quello di Preziosi era stato, almeno negli anni precedenti, un radicalismo politico non sempre controllato dalle istanze supreme del regime fascista.

Delegare la campagna razziale a un giornalista come Preziosi, e agli intellettuali che già da tempo venivano teorizzando sulla «Vita Italiana» e sul «Diorama filosofico» il «razzismo spirituale», significava, per il regime fascista e per Mussolini, affidare la gestione di uno snodo nevralgico per la strategia totalitaria a un settore di intellettuali e di militanti fascisti il cui radicalismo non sempre in precedenza era stato allineato con la politica del regime, con tutti i rischi che questa scelta comportava in termini di equilibri politici interni al regime medesimo. Riconoscere la direzione della campagna razziale a questo settore, di cui il direttore della «Vita Italiana» era espressione e al tempo stesso cassa di risonanza delle posizioni di una figura importante come Farinacci, protettore politico sia di Preziosi sia degli intellettuali che collaboravano al «Diorama filosofico», significava, in altri termini, mettere in discussione gli equilibri politici futuri del regime fascista, ma soprattutto quelli consolidatisi in precedenza, favorendo una maggiore visibilità politica a un settore di radicali che già aveva dimostrato in passato una sensibile autonomia politica.

C'è poi una considerazione di ordine teorico-politico. La definizione genetica e biologica di «ebreo» era ritenuta la più sicura e accettabile da tutte le «scuole» dell'antisemitismo contemporaneo, perché unica base di partenza per sviluppare una politica antisemita; in questo senso, neanche il «razzismo spirituale» escludeva la determinazione dell'ebreo col ricorso a criteri biologici[35]. Sotto l'a-

[35] Vedi, in proposito, le osservazioni di A. Ventura, *La svolta antiebraica nella storia del fascismo italiano*, in «Nuova Rivista Storica», I, 2001, p. 44.

spetto storiografico, dunque, le accuse coeve e successive del «razzismo spirituale» al «razzismo biologico» sono da ritenersi interessate e prive di qualsiasi fondamento[36].

Anche nel caso del «razzismo spirituale», infatti, i suoi teorici più rappresentativi, a cominciare da Preziosi e da Evola, erano ben consapevoli che la lotta contro l'«ebraicità» in senso spirituale e culturale non poteva essere organizzata senza una preliminare impostazione rigidamente biologica tesa a individuare e censire gli ebrei. In questo modo, si riproduceva la gerarchia degli obiettivi politici che da quasi un secolo era all'ordine del giorno dell'agenda dell'antisemitismo teorico: l'attacco all'ebreo «visibile» era ritenuto la scelta preventiva ancorché necessaria, per poi muovere la guerra all'ebraismo in quanto mentalità socialmente diffusa. Anche se, come il «razzismo spirituale» aveva modo di rilevare rifacendosi all'ultimo Sombart[37], l'antisemitismo strettamente biologico e scientistico non riusciva a individuare l'ebraicità ontologica della modernità borghese e liberale al di là della figura del singolo ebreo, era anche verosimile che qualsiasi «razzismo spirituale» rischiava di risultare impotente e di condannarsi alla disfatta, senza la determinazione biologica della figura dell'ebreo: alla pari della nottola di Minerva, il «razzismo dello spirito» avrebbe potuto spiccare il proprio volo solo nel momento in cui l'ebraicità fosse stata già definita sotto l'aspetto biologico; per muovere guerra all'ebraicità ontologica e allo spirito ebraico era prima necessario eliminare l'«ebreo visibile» e dichiarato.

[36] Vedi, ad esempio, quanto avrebbe scritto nel secondo dopoguerra J. Evola in *Il cammino del cinabro*, Scheiwiller, Milano 1963, p. 149.

[37] «Lo spirito ebraico non è necessariamente legato alla persona dell'ebreo: anzi può continuare ad esistere anche dopo che l'ultimo ebreo sia scomparso. Ciò è anzitutto in rapporto col fatto che possiamo riscontrare spirito ebraico anche in non ebrei, come spesso effettivamente accade e viene confermato dalla esperienza. [...] Lo spirito ebraico domina in gran parte la nostra intera epoca, poiché quanto [...] abbiamo definito come spirito dell'epoca economica è per molti riguardi spirito ebraico [...] In altre parole lo spirito ebraico si è obbiettivizzato in mille istituzioni ed usanze: nel nostro diritto, nella nostra costituzione, nella nostra economia [...] Per liberarci, dunque, dello spirito ebraico [...] non basta eliminare gli ebrei, o coltivare una mentalità non ebraica. È piuttosto necessario mutare la cultura istituzionale in maniera che non possa servire da bastione allo 'spirito ebraico'»: W. Sombart, *Il socialismo tedesco*, ed. or. 1934, trad. it., Il Corallo, Padova 1981, pp. 237-38. È da rilevare che il saggio di Sombart era stato recensito in termini positivi su «Lo Stato», proprio all'indomani dell'introduzione delle leggi razziali (vedi D. Carbone, *Il socialismo tedesco di Werner Sombart*, in «Lo Stato», 1938, dicembre, 12, p. 669).

Proprio mentre si venivano definendo i criteri per l'espulsione dei professori ebrei dalla scuola, era stato Costamagna, peraltro da tempo ostile ai settori gentiliani della cultura e alla tradizione giuridica italiana accusata di non essere ancora del tutto fascistizzata, a osservare, in una specie di *Aufhebung* del «razzismo biologico», che a quella bonifica biologica avrebbe dovuto subito seguire la fase politica decisiva della bonifica razziale in senso spirituale, eliminando da programmi e piani di studio qualsiasi autore ebreo, a cominciare da Spinoza, il filosofo che aveva avviato «l'opera distruttiva di quella morale tradizionale [...] che aveva sostenuto per millenni la compagine delle nazioni dell'Europa», per finire ai giuristi italiani che ispiravano la loro dottrina ai giuristi tedeschi di origine ebraica, da Stahl a Jellinek, ispiratori della «porcheria ebraico-liberale»[38]. In altri termini, per Costamagna era certo necessario espellere gli ebrei dalle istituzioni culturali; ma era ancor più necessario combattere coloro che erano «contaminati dalla lue semitica», ossia tutti quegli intellettuali che «senz'essere israeliti, son per altro i campioni del semitismo culturale»[39]. Ancora nel 1942 era poi Preziosi a scatenare un'altra polemica contro la «sinagoga universitaria»[40]. Insomma, per gli esponenti del «razzismo spirituale» la lotta contro l'ebraismo avrebbe dovuto declinarsi subito in lotta contro l'ebraicità, sbaragliando le ultime sopravvivenze di quelle culture borghesi e liberali, ontologicamente ebreizzate, che fino ad allora erano riuscite a sopravvivere e a ritagliarsi spazi, sia pure angusti, nel sistema totalitario.

Infine, è utile rilevare che sarebbe un errore di valutazione storiografica supporre che il dibattito fra i due approcci al razzismo e al-

[38] Entrambe le citazioni sono tratte dall'articolo firmato dalla Direzione [C. Costamagna], *Professori ebrei e dottrina ebraica*, in «Lo Stato», 1938, agosto-settembre, 8-9, p. 492 (il saggio ora è riprodotto anche in A. Somma, *I giuristi e l'Asse culturale Roma-Berlino. Economia e politica nel diritto fascista e nazionalsocialista*, Klostermann, Frankfurt am Main 2005, pp. 300-303; le citazioni rispettivamente alle pp. 300 e 302). Ma sulla necessità di procedere a una bonifica razziale dei programmi di studio, vedi, a titolo di puro esempio, anche quanto avrebbe scritto S. Contri, *Difenderci da Israele. La filosofia e la politica*, in «La Difesa della Razza», 5 dicembre 1942, 3, pp. 7-8.

[39] Costamagna, *Professori ebrei e dottrina ebraica* cit., p. 493 (ora anche in Somma, *I giuristi e l'Asse culturale Roma-Berlino* cit., p. 303). Sul saggio di Costamagna vedi ora anche E. De Cristofaro, *Codice della persecuzione. I giuristi e il razzismo nei regimi nazista e fascista*, Giappichelli, Torino 2008, p. 181.

[40] (N.d.r.) [G. Preziosi], *La difesa dell'ebreo Spinoza all'Università di Milano*, in «La Vita Italiana», 1942, agosto, CCCLIII, p. 161.

l'antisemitismo fossero antitetici, perché, a muovere proprio dai vari Toussenel e Drumont, non lo erano stati nella tradizione teorica antisemita, e tali non erano nel razzismo italiano a partire dal 1938.

Piuttosto che di un'antitesi sarebbe forse più produttivo parlare di una compenetrazione fra un razzismo dello spirito e un razzismo a base biologica: gli interscambi erano reciproci, e il primo arrivava in aiuto del secondo, o viceversa, se si trattava di spostare il fronte della lotta e della polemica dall'ebraicità all'ebraismo. Ambedue le dimensioni, poi, procedevano appoggiandosi a vicenda nel momento in cui si trattava di domandare una radicalizzazione della lotta contro l'ebraismo. Infatti, se c'era un momento significativo di convergenza fra le due posizioni, questo consisteva nella convinzione che la lotta all'ebraismo dovesse essere condotta senza mediazioni. In questo senso, non sussistevano differenze fra l'estremismo farinacciano di un Preziosi e quello, ben più interno al regime, di Interlandi.

D'altro canto, se sotto l'aspetto teorico-politico le differenze fra «razzismo biologico» e «razzismo spirituale» risultavano meno rigide di quanto gli stessi teorici dei rispettivi schieramenti supponessero, non foss'altro perché una delle posizioni spesso rimandava all'altra, è anche verosimile che non mancarono anche altre convergenze.

Indicativo in tal senso è lo spazio concesso ai teorici del «razzismo spirituale» da parte dell'organo del «razzismo biologico», «La Difesa della Razza»[41]. Proprio sulle pagine di questa rivista Evola pubblicò numerosi articoli, anche se si trattava di contributi non particolarmente originali, costituendo una riproposizione di quanto veniva pubblicando sulle riviste, quali «Lo Stato» e «La Vita Italiana», ben più sensibili al tema del razzismo spirituale[42]. Non solo non mancarono i momenti in cui furono avanzate proposte di mediazione fra le due posizioni – tanto che, al crepuscolo del regime, un esponente del «razzismo biologico» come Landra avrebbe osservato che «le discussioni esistenti tra i razzisti italiani hanno un carattere interno e non incrinano affatto il fronte unico che abbiamo da tempo

[41] Vedi, ad esempio, G. Preziosi, *Centomila?*, in «La Difesa della Razza», 5 ottobre 1938, 5, p. 8, nonché i numerosi contributi pubblicati da Evola sul periodico e ora disponibili in J. Evola, *I testi de «La Difesa della Razza»*, a cura di P. Di Vona, Edizioni di Ar, Padova 2001.

[42] Differente il giudizio di Cassata, che giudica «particolarmente rilevanti» (Cassata, *«La Difesa della razza»* cit., p. 76) gli articoli evoliani sulla rivista.

formato contro i comuni nemici»[43] –, ma il «razzismo biologico» era anche disposto a cedere su una parte di quella sua base materialistica e scientista, rimproveratagli in più occasioni dagli avversari «spiritualisti», quasi a riconoscere la difficoltà a procedere nella determinazione razziale e biologica dell'ebreo. Era stato Franzì, divulgatore in Italia del razzismo biologico tedesco, a chiedere che quello fascista si presentasse senza equivoci quale razzismo «che ha sempre più bisogno di manifestarsi su una base *psicologica e spirituale* e su di una base storica, che sono ben più solide di quelle di una scienza che è ancora avvolta di grande oscurità nelle sue leggi fondamentali»[44]. Come a dire che, laddove la scienza, davanti al confuso intreccio biologico che caratterizzava la *Gegenrasse*, dichiarava la propria impotenza nel determinare chi fosse ebreo, era necessario che scattasse l'intervento della politica in chiave totalitaria, avviando un processo epocale di deebreizzazione della cultura e dello Spirito.

Ma forse l'esempio più significativo di come il «razzismo biologico» e il «razzismo spirituale» fossero tutt'altro che incompatibili fra loro è dato dall'attività politica di Giuseppe Bottai.

L'impegno profuso in modo particolare da Bottai per espellere gli ebrei dalla scuola e da tutte le istituzioni culturali e scientifiche, dove la bonifica razziale non ammise eccezioni e fu totale[45], e nel sollecitare gli studi accademici sul razzismo, è sufficiente per rilevare come l'inflessibilità della logica biologica e genetica fosse abilmente piegata in funzione di un «razzismo spirituale» più sensibile nel condurre la battaglia culturale per la costruzione dell'«uomo nuovo» del sistema totalitario.

L'allontanamento degli ebrei dai settori della produzione e trasmissione della cultura era dettato certamente da disposizioni normative di evidente impostazione biologica. Tuttavia, il feroce rigore di Bottai sembrava ispirarsi a un'istanza, quella della lotta contro l'e-

[43] Vedi G. Landra, *Scienza, razza, scientismo*, in «La Vita Italiana», 1943, febbraio, CCCLIX, p. 151. Ma vedi anche A. Modica, *Influenza dei sistemi ideologici sulle variazioni razziali*, in «Diorama Filosofico», suppl. a «Il Regime fascista», 21 dicembre 1941. Su quest'ultimo articolo, vedi l'analisi di Cavaliere, *Fascismo e Tradizione: per una critica dell'analisi tradizionalista del fascismo* cit., pp. 154 sgg.

[44] L. Franzì, *Fase attuale del razzismo tedesco*, Istituto Nazionale di Cultura Fascista, Roma 1939, p. 56.

[45] Vedi Matard-Bonucci, *L'Italia fascista e la persecuzione degli ebrei* cit., pp. 35-37.

braismo culturale, attinente il «razzismo spirituale», anche se non del tutto assente in quello «biologico», sol che si pensi alle denunce di Cipriani sulla presenza dell'ebraismo nella cultura italiana[46]. L'opera politica e amministrativa di Bottai sembrò motivata dalla convinzione – poco più che un *Leitmotiv* in tutto il pensiero politico antisemita, da Glagau a Drumont, da Maurras a Hitler, da Ford a Céline ecc. – che la presenza ebraica nei settori della cultura obbedisse soprattutto al disegno cospirativo ebraico di «ebreizzare» la cultura e i comportamenti degli ariani attraverso la stampa, la letteratura e infine il cinema. L'attività di Bottai sembrava ispirata dalle accuse degli antisemiti per cui, essendo la cultura italiana fortemente ebreizzata, si rendeva assolutamente necessario avviare una rigorosa deebreizzazione che non risparmiasse sia la presenza degli ebrei, ma soprattutto quelle posizioni filosofiche e culturali in genere sospettate di essere poco più che una traduzione dell'ebraismo[47].

Verrebbe da osservare che in Bottai le appassionate discussioni fra «razzismo biologico» e «razzismo spirituale», fra le ragioni del Sangue e quelle delle Spirito si fusero in una sintesi politico-amministrativa perfetta[48], non risparmiando nessun ebreo impegnato nel campo culturale, nella lucida consapevolezza politica che proprio la scuola e la cultura costituivano il terreno più importante per sviluppare una nuova coscienza razziale finalizzata al rafforzamento del sistema totalitario. In Bottai la lotta contro l'ebreo si saldò a quella contro l'ebreizzazione culturale; e il gerarca agì da braccio politico di quei settori della cultura del fascismo che, da Costamagna a Maggiore – pron-

[46] Vedi quanto scrive in L. Cipriani, *Fascismo razzista*, Tumminelli & C., Roma 1940, p. 42. Su Cipriani, vedi F. Cavarocchi, *La propaganda razzista e antisemita di uno «scienziato» fascista. Il caso di Lidio Cipriani*, in «Italia contemporanea», 2000, giugno, 219, pp. 194-225.

[47] «Il fenomeno ebraico, in Italia, ebbe il carattere di una rapida presa di possesso degli strumenti della cultura. [...] La cultura italiana è fortemente ebreizzata; bisogna disintossicarla. La vita universitaria è nettamente dominata dagli ebrei. Non basta liberarsi da questi, occorre rivedere tutto l'orientamento che essi hanno imposto agli studi, con il proposito di modificare la vera natura dell'Italia» (Interlandi, *Contra Judaeos* cit., pp. 109-10).

[48] Differente, in proposito, pur all'interno di un giudizio ampiamente condivisibile sulla figura politica di Bottai, l'opinione di G. Belardelli, *Il Ventennio degli intellettuali. Cultura, politica, ideologia nell'Italia fascista*, Laterza, Roma-Bari 2005, secondo il quale l'impegno profuso da Bottai nella cacciata degli ebrei dalla scuola e dalle istituzioni culturali serviva «a non farsi mettere da parte, dimostrando che quanto a politica antiebraica sapeva non essere secondo a nessuno» (p. 65).

to, quest'ultimo, a rivendicare che il «primo urto tra Fascismo e semitismo doveva prodursi nella scuola. Ogni movimento spirituale, che crede nel suo destino, mira all'avvenire e perciò si sforza di accaparrarsi la giovinezza, in cui veramente s'infutura. Il primo passo è perciò la conquista della scuola. Dalla scuola si dipartono, come altrettanti raggi, tutte le forze conquistatrici del primato nazionale e mondiale»[49] – domandavano con insistenza una deebreizzazione completa delle istituzioni culturali e scolastiche, non solo in termini di uomini, ma anche di culture. «La scuola – aveva osservato una figura minore del razzismo fascista – è la fucina dove si forgia lo spirito dei giovani [...] e pertanto non era più compatibile in essa la presenza di elementi che non erano legati a noi da vincoli di sangue e di nazionalità. Lo stesso dicasi della cultura, che non deve essere contaminata da idee opposte»[50].

Quella promossa e abilmente diretta da Bottai fu, insomma, una deebreizzazione che necessariamente muoveva da istanze biologiche, con l'allontanamento di professori e intellettuali di origine ebraica dalle istituzioni culturali e scolastiche, per estendersi poi a motivazioni di natura «spirituale», procedendo a bonificare una cultura sospettata di essere ebreizzata, trovando proprio su quest'ultimo punto la sua caratterizzazione politica qualificante: l'antisemitismo quale valore aggiunto ideologico di una rivoluzione culturale orientata a rafforzare e sviluppare il sistema totalitario.

Il primato che inizialmente fu riconosciuto al «razzismo biologico» è infine da ricondurre a una motivazione inerente il rapporto fra alcune scienze naturali e il regime fascista. Considerato che le discipline maggiormente coinvolte nella politica razziale, dalla medicina all'antropologia, dalla statistica alla demografia, alla data del 1938 avevano già subìto un processo di politicizzazione che le faceva ritenere affidabili sul piano ideologico («oggi tutte le scienze divent[ano] politiche», era stato il giudizio di Panunzio)[51], senza che questa decantazione ne scalfisse la loro riconosciuta credibilità scientifica ed epistemologica, per il regime fascista diventava necessario «mettersi sotto la tutela delle scienze biologiche»[52], per conseguire il risultato di

[49] G. Maggiore, *Razza e Fascismo*, Libreria Agape, Palermo 1939, pp. 267-68.
[50] A. Banzi, *Razzismo fascista*, Libreria Agape, Palermo 1939, pp. 48-49.
[51] S. Panunzio, *Appunti di dottrina dello Stato (metodologia, sistematica, storia)*, DUSA, Roma 1939-40, p. 6.
[52] Interlandi, *Contra Judaeos* cit., p. 19.

presentare il razzismo fascista non come un adeguamento alla politica del nazismo, ma come una risposta a una domanda insistente proveniente dal mondo scientifico. In questa prospettiva era orientata, ad esempio, la proposta di un Nicola Pende – firmatario del *Manifesto della razza*, per poi spostarsi successivamente su posizioni più sensibili al «razzismo spirituale» – di dare vita a un'«ortogenesi totalitaria», ossia a una «scienza rivolta nel tempo stesso al corpo, nella sua struttura e nella sua composizione morale, soprattutto glandolare e ormonica, e poi al carattere e all'intelligenza»[53].

Rispetto ai teorici del «razzismo spirituale» certamente fascisti, ma che in qualche occasione passata non avevano mancato di rendere pubbliche alcune loro posizioni critiche, gli esponenti del «razzismo biologico» presentavano addirittura una maggiore affidabilità politica che andava ben al di là delle loro biografie politiche, inerendo lo statuto epistemologico delle discipline coinvolte. Infatti, il razzismo di medici, biologi, demografi ecc. – sol che si pensi alla convinzione di Pende che la sua «ortogenesi totalitaria» consisteva nella «pratica di prendere l'essere umano sotto il controllo scientifico fin dal momento del concepimento»[54] – riconosceva la necessità che lo Stato prendesse sotto tutela la vita dei cittadini. In questo modo, proprio il «razzismo biologico», criticato dal «razzismo spirituale» perché poco attento alle ragioni della politica e del totalitarismo fascista, incrociava il primato della figura dello Stato sul partito, affermato da Mussolini fin dalla famosa circolare del 5 gennaio 1927[55]: la riduzione del corpo a emblema visibile della razza, e dunque espressione della razzizzazione della nazione, si rendeva possibile solo attraverso un rinnovato protagonismo dello Stato totalitario.

D'altro canto, queste posizioni biopolitiche, non limitate al solo Pende, ci rimandano a un tema su cui scarsa, se non inesistente, è stata l'attenzione della storiografia sull'antisemitismo.

Si è già osservato sia come la razzizzazione della nazione costituisca la fase più elevata e radicalizzata del processo di nazionalizza-

[53] N. Pende, *Scienza dell'ortogenesi*, Istituto Italiano d'Arti Grafiche, Bergamo 1939, p. 9 (su Pende, vedi C. Ipsen, *Pende, Nicola*, in V. de Grazia, S. Luzzatto, a cura di, *Dizionario del fascismo*, Einaudi, Torino 2003, vol. II, *L-Z*, pp. 357-59).

[54] Ivi, p. 8.

[55] Vedi A. Aquarone, *L'organizzazione dello Stato totalitario*, Einaudi, Torino 1965, ma cit. dall'ed. 1978 (vedi il testo della circolare di Mussolini ivi, vol. II, pp. 485-88).

zione totalitaria delle masse, sia la necessità di tenere distinti il razzismo dall'antisemitismo. E tuttavia, soprattutto è da interrogarsi sulle modifiche politiche e ideologiche che si introducono nell'ambiente politico totalitario quando la razzizzazione della nazione si articola proprio fra razzismo e antisemitismo. In altri termini, dove rintracciare un eventuale filo rosso fra queste due soluzioni? E il radicalismo politico che esprime la razzizzazione concerne l'ulteriore restringimento del vincolo di fedeltà del cittadino allo Stato totalitario, oppure quello stesso radicalismo politico tende a esprimersi anche in altri ambiti?

Uno dei maggiori teorici del «razzismo biologico» per tutti:

> nessuno dovrà più ignorare in Italia il porsi di determinati e sensibilissimi valori congeniti alla base di quanto dà consistenza e slancio alla nostra nazione; di conseguenza, ognuno dovrà evitare di mettersi sulla via di danneggiare quei valori – cosa più che facile senza controllo rigido e continuo! – perché equivarrebbe a impoverimento o addirittura tramonto della nostra civiltà. Guai, dunque, ai trasgressori, in quanto rendono incerto l'avvenire della Patria. Trasgressori sono coloro che non si curano di tramandare invariate, o se possibile migliorate le doti insite per motivi biologici nella nostra gente e in virtù delle quali più volte, attraverso i millenni, il nostro Paese si impose all'attenzione del mondo[56].

Almeno per limitarci alla versione fascista, con la razzizzazione della nazione lo Stato totalitario non si accontenta più di trasmettere un'ideologia politica che guidi i comportamenti dei suoi cittadini e ne orienti la loro visione della vita. La razzizzazione può avere successo nel momento in cui intende vedere nel corpo dei cittadini una sua proprietà che va anch'essa orientata e all'occorrenza anche plasmata: «l'atto stesso della riproduzione – ribadisce a sua volta un altro esponente del «razzismo biologico» – è una questione che non interessa unicamente il singolo, ma è principalmente una questione di interesse della comunità»[57].

Siamo probabilmente a un'articolazione della strategia biopolitica che potremmo individuare in un'integrale *politicizzazione del corpo*, quale risultato di una sua definitiva sussunzione all'interno dello

[56] Cipriani, *Fascismo razzista* cit., p. 99.
[57] Franzì, *Fase attuale del razzismo tedesco* cit., p. 11.

Stato totalitario; il razzismo diviene l'azzeramento della dimensione privata del corpo, associato alla definitiva diluizione della sfera privata in quella pubblica e statuale. Lo Stato totalitario emana leggi molto precise e circostanziate sulla razza, soprattutto in materia di incroci razziali, essendo convinto che il corpo del cittadino sia divenuto un'articolazione delle sue funzioni, e che dunque qualsiasi corpo, soprattutto nel momento della riproduzione, debba essere controllato nelle sue scelte e subordinato agli interessi supremi dello Stato totalitario. Come si osservava in sede ufficiale, «l'unità [della nazione] è totale: nella politica, nell'economia, nel pensiero, nelle aspirazioni, nel sangue. Ecco il principio nuovo: *l'unità nazionale anche nel sangue*»[58].

Con la razzizzazione della nazione il corpo non è più parte della persona; ma subisce un tumultuoso processo di politicizzazione, in quanto divenuto espressione dello Stato totalitario, delegato a realizzare le decisioni di quest'ultimo. A questo punto, il vincolo di fedeltà si fa certamente più stretto perché travalica i comportamenti ideologici e politici del cittadino, dettando anche le regole dei comportamenti e delle scelte del corpo: sono semmai queste ultime a declinarsi quale prerequisito necessario per la fedeltà ideologica e politica. La riduzione della nazione a razza conferiva al sistema totalitario la prerogativa di proiettare il corpo nello spazio di controllo esercitato dallo Stato totalitario. Il corpo, riletto quale elemento visibile dell'appartenenza razziale dell'individuo, era così sottoposto a un processo di politicizzazione definito dalla sua sussunzione sotto il controllo dello Stato totalitario.

Ora, il razzismo e l'antisemitismo, per quanto universi ideologici diversi nel loro rapporto con la modernità, trovavano proprio nel progetto totalitario di controllo del corpo del cittadino il loro momento di suprema mediazione politica.

Su questo punto, l'antisemitismo, forse con una maggiore propensione rispetto al razzismo, sia nella versione biologica che in quella spirituale si prestava a essere incorporato senza difficoltà nella politica del regime, e dunque a essere letto nella veste di metafora della razzizzazione della nazione quale progetto di controllo del corpo, perché il suo immaginario disponeva di almeno due stereoti-

[58] U. D'Andrea, *Gli ebrei e la nazione*, in AA.VV., *Politica fascista della razza*, Istituto Nazionale di Cultura Fascista, Roma 1939, p. 95 (ma vedi anche p. 96).

pi, quello dell'ebreo-femmina e l'accusa di cosmopolitismo e di internazionalismo, certamente molto utili sotto l'aspetto ideologico.

Nel caso del primo stereotipo – così ampiamente diffuso nella tradizione antisemita, da Gellion-Danglar a Céline, tanto da autorizzarci a considerare Weininger poco più che un mediocre volgarizzatore, misteriosamente sopravvalutato per quasi un secolo dalla critica filosofica e storiografica[59] –, il corpo dell'ebreo, proprio perché è giudicato restio a qualsiasi classificazione naturale maschio/donna, è di conseguenza refrattario a uno specifico controllo da parte dello Stato totalitario. Verrebbe da osservare che, per la tradizione culturale antisemita, l'irrequietezza e il sovversivismo dell'ebreo trovavano una conferma decisiva in un corpo che aveva sovvertito le distanze naturali fra l'uomo e la donna. La Politica, anche quella espressa nel sistema totalitario, è destinata a fallire su un obiettivo su cui nulla ha potuto in precedenza la Natura: il corpo dell'ebreo, confusa commistione di elementi maschili e femminili, nonché di incroci razziali susseguitisi attraverso intere epoche storiche, è avulso dalle rigorose distinzioni naturali, e non ammette controlli di natura politica.

Nel caso del cosmopolitismo-internazionalismo ebraico, il pericolo, oltre che ideologico e politico, risultava anche dalla constatazione che la presenza ebraica diffusa nelle nazioni rendeva il corpo dell'ebreo difficilmente sussumibile nel cono d'ombra dell'intervento e del controllo dello Stato totalitario: il corpo degli esponenti della razza cosmopolita era incontrollabile per qualsiasi politica. Appartenendo, l'ebreo, al mondo e non a un singolo Stato, all'universalità assicuratale dal suo perenne nomadismo, piuttosto che alla stanzialità richiesta dallo Stato, il suo corpo, oltre che ambiguo per la confusa presenza della femminilità nella mascolinità, diveniva sfuggente e vischioso, irriducibile a fronte di un qualsiasi progetto di intervento dello Stato totalitario.

[59] Sullo stereotipo della femminilizzazione dell'ebreo numerosi sono i riferimenti nella bibliografia sull'antisemitismo. Per un primo approccio ai problemi storiografici che questo stereotipo presenta, sono ancora utili, anche se, a nostro avviso, da ridiscutere in alcuni punti, i lavori di G.L. Mosse, *Sessualità e nazionalismo. Mentalità borghese e rispettabilità*, ed. or. 1982, trad. it., Laterza, Roma-Bari 1984; Id., *L'immagine dell'uomo. Lo stereotipo maschile nell'epoca moderna*, ed. or. 1996, trad. it., Einaudi, Torino 1997; ma vedi anche C. von Braun, *Le «Juif» et la «femme»: deux stéréotypes de l'«autre» dans l'antisémitisme allemand du XIXe siècle*, in «Revue Germanique», 1996, 5, pp. 125 sgg.; S.L. Gilman, *The Jew's Body*, Routledge, New York-London 1991.

7
Il «razzismo spirituale» e la domanda di un totalitarismo perfetto

Su quali argomenti teorico-politici poggiava la sua legittimità la versione spirituale del razzismo fascista?

Intanto, come s'è già osservato, il «razzismo spirituale» costituiva l'unica corrente che, al momento dell'introduzione delle leggi razziali, si presentava con posizioni ideologiche ben precise, avendole rodate negli anni precedenti nelle critiche al razzismo nazista. Se *La dottrina fascista della razza* di Acerbo costituiva il *Manifesto* del razzismo di inclinazione nazionalista, e il *Fascismo razzista* di Cipriani quello dei razzisti biologici, nel 1937 Evola aveva pubblicato *Il mito del sangue*, mentre nel 1941 pubblicava gli *Indirizzi per una educazione raziale*, un testo in cui riassumeva la posizione dei razzisti spirituali[1].

A partire dal 1938, proprio in alcuni esponenti rappresentativi come Evola, queste critiche al nazismo sarebbero state mantenute nella prospettiva di una maggiore differenziazione del razzismo fascista da quello nazista. Scontata era la polemica evoliana contro il razzismo biologico: «il nostro razzismo – egli scriveva – va ben oltre i limiti di tali discipline [la biologia e l'antropologia] che, almeno nelle loro formulazioni più correnti, nel loro spirito positivista e scientista, in fondo, stanno anzi in un netto contrasto con la vera idea razzista»[2]. La razza, invece, era da individuare in un livello «ancor

[1] J. Evola, *Il mito del sangue*, Hoepli, Milano 1937; Id., *Indirizzi per una educazione razziale*, Conte, Napoli 1941.

[2] Ivi, p. 14.

più profondo che nel sangue, in profondità, ove la vita individuale comunica con una vita più che individuale»[3]. La pratica del razzismo era una «mentalità», perché qualsiasi «differenza – perfino corporea – è *simbolica*: l'interiore si manifesta nell'esteriore, ciò che è esteriore è simbolo, segno o sintomo di qualcosa di interiore»[4]. In altri termini, «la razza esiste sia nel corpo, sia nello spirito»[5].

A ben vedere, non c'era nulla che Evola non avesse già sostenuto nella profluvie dei suoi saggi precedenti su «Lo Stato», sulla «Vita Italiana» e nelle altre riviste del regime, a cominciare proprio dall'avanzare il timore che il razzismo fascista si limitasse alla determinazione del sangue, senza alcuna ricaduta in termini «spirituali».

La novità della posizione evoliana consisteva però non tanto nella riproposizione dei temi specifici dei razzisti spirituali, bensì nel tentativo di presentare quella versione del razzismo come l'unica percorribile da parte del regime fascista. Ai teorici razzisti che si attardavano a parlare di «razza italiana», una delle «espressioni [...] scientificamente incorrette»[6], Evola replicava che la razza «va certo a significar di più che la 'nazione': è l'elemento dirigente e formatore della nazione e della sua civiltà predominante. E ciò è cosa perfettamente consona all'idea fascista»[7]. Alla questione inerente il rapporto che avrebbe dovuto intercorrere fra il fascismo e il razzismo, la risposta evoliana era che il fascismo era da interpretare quale «*élite* politica», ossia la «parte migliore della 'nazione'»[8]. Insomma, in quanto movimento politico, il fascismo costituiva la razza «ario-romana» rinata per dirigere lo Stato e realizzare la rivoluzione totalitaria. La conseguenza teorico-politica più importante di questa posizione era che non tutti gli italiani erano «razza ario-romana», almeno nei loro comportamenti e nella loro mentalità, per non dire del sangue, ma solo quella parte minoritaria di essi che si richiamava ai comportamenti guerrieri e spirituali del fascismo.

A suo tempo, De Felice aveva già ricostruito il dibattito sugli intellettuali e i giovani sviluppatosi nel regime fascista nel corso della guerra, dedicando anche alcune riflessioni al tema del ruolo che rive-

[3] Ivi, p. 21.
[4] Entrambe le citazioni ivi, rispettivamente pp. 14, 23.
[5] Ivi, p. 35 (ma vedi anche p. 37).
[6] Ivi, p. 26.
[7] Ivi, p. 30.
[8] Entrambe le citazioni *ibid.*

stiva il PNF (Partito nazionale fascista) all'interno del regime[9]. Se si colloca questa posizione evoliana all'interno del dibattito che animò l'ultimo periodo del fascismo sulla funzione del Partito nazionale fascista – e in cui proprio dal settore dei «razzisti spirituali» pervennero proposte di trasformazione di un partito ormai di massa e pletorico in un Ordine, una specie di Partito-SS[10], un luogo politico dove avrebbe dovuto militare solo l'élite in senso razziale e spirituale della nazione –, è evidente che non tanto nell'insistente domanda di una maggiore caratterizzazione del razzismo fascista rispetto a quello nazista sarebbe da individuare la specificità del «razzismo spirituale»: la specificità teorico-politica di questa corrente è da ricondurre alla domanda di utilizzare il razzismo per accelerare un processo di costruzione della società totalitaria giudicato ancora debole e inefficace.

Il giudizio storiografico su Evola, espresso a suo tempo da Renzo De Felice, se rimane accettabile nel suo complesso[11], è da ridimensionare e da rivedere per alcuni aspetti; mentre, per quanto caustico, è da ritenersi francamente inutile quello formulato da Furio Jesi[12],

[9] Vedi R. De Felice, *Mussolini l'alleato*, vol. 1. *L'Italia in guerra (1940-1943)*, t. 2, *Crisi e agonia del regime*, Einaudi, Torino 1990, pp. 829-920, 961 sgg.

[10] Per una ricostruzione di queste posizioni, vedi F. Germinario, *Razza del Sangue, razza dello Spirito. Julius Evola, l'antisemitismo e il nazionalsocialismo (1930-1943)*, Bollati Boringhieri, Torino 2001, pp. 130 sgg.

[11] «[C]i si vede costretti, anche per gli uomini di cultura, a constatare [...] che, da un certo punto di vista, i più degni di rispetto furono tra essi i razzisti convinti. Non già, sia ben chiaro, i Landra e i Cogni, le pallide e pedisseque vestali del razzismo nazista, ma gli Evola e gli Acerbo, coloro che, imboccata ognuno una propria strada, la seppero percorrere, in confronto a tanti che scelsero quella della menzogna, dell'insulto, del completo obnubilamento di ogni valore culturale e morale, con dignità e persino con serietà. [...] Evola [...] respinse [...] recisamente ogni teorizzazione del razzismo in chiave esclusivamente biologica [...] Con ciò non vogliamo dire che la teoria 'spiritualistica' della razza fosse accettabile, essa aveva però almeno il pregio di non disconoscere del tutto certi valori, di respingere le aberrazioni tedesche e alla tedesca e di cercare di mantenere il razzismo (che, indubbiamente, da Boulainvilliers a De Gobineau e Renan, da Herder e Kant a Nietzsche, da Fichte a Vacher de Lapouge ha avuto un suo pur discutibile e torbido significato culturale ed etico, oltre che politico) sul terreno di una problematica culturale degna di questo nome» (R. De Felice, *Storia degli ebrei italiani sotto il fascismo*, Einaudi, Torino 1961, ma cit. dalla nuova ed. ampliata, 1993, pp. 392-93).

[12] Evola fu «un rimasticatore, e un commesso viaggiatore che molto presto scelse, non stupido, di separarsi dalla casa madre e di mettersi in proprio in una provincia come l'Italia, lontana dalle centrali soprattutto tedesche e anzi barricata contro quella direzione» (F. Jesi, *Cultura di destra*, Garzanti, Milano 1979, p. 100).

perché si preclude la comprensione delle specificità teorico-politiche evoliane all'interno del dibattito del regime.

Non c'è dubbio che la pubblicistica evoliana non si limitò a ripetere le note posizioni della propaganda fascista, denunziando, anzi, proprio quel settore di intellettuali «incompetenti [...] persone svegliatesi razziste o antisemite dall'oggi al domani»[13]. Evola mantenne una dignità culturale e teorica che ben difficilmente si può riconoscere a intellettuali, si pensi al caso di Maggiore – per non dire degli intellettuali che si raccoglievano attorno alle altre riviste del regime, a cominciare da «Critica fascista» –, la cui produzione scientifica, e anche politica, fino al 1938 non si era certo caratterizzata per l'attenzione ai problemi della razza e del razzismo. Anche rispetto agli autori che avevano rivelato in precedenza una maggiore dimestichezza con la cultura politica razzista, da Cogni e Cipriani a Interlandi, Evola costituiva l'unico intellettuale italiano in grado di evitare il pressappochismo in materia di razzismo, elaborando un coerente sistema di pensiero orientato in senso razzista e antisemita, e in grado, malgrado in passato avesse evidenziato un'autonomia di pensiero più che sospetta per il regime fascista, di coniugare razzismo e antisemitismo all'interno di una convincente teoria del totalitarismo. A fare di Evola uno dei pochi intellettuali razzisti ad avere ben chiari quali fini politici avrebbe dovuto avere una politica razziale erano certamente la solida formazione speculativa e un'ottima conoscenza del pensiero politico razzista, sia pure limitata ai più recenti sviluppi in Germania (mentre l'impressione è che fosse quasi del tutto nulla la conoscenza della ricca tradizione culturale francese in materia di antisemitismo). E tuttavia, questo era il punto di partenza necessario, in quanto erano proprio la conoscenza del dibattito teorico-politico in atto nel razzismo tedesco, e soprattutto l'esatta valutazione del ruolo centrale che il razzismo e l'antisemitismo svolgevano nel sistema ideologico nazista, a condurre il filosofo italiano a guardare al nazismo quale punto di riferimento necessario per una politica razziale fascista.

Detto questo, crediamo che l'importanza di Evola sia da registrare soprattutto nell'avere egli intuito con notevole lucidità politica, pressoché assente negli altri protagonisti del dibattito fascista sul-

[13] Evola, *Indirizzi per una educazione razziale* cit., p. 14.

la razza e del tutto assente nelle «vestali» cui accenna De Felice, che la questione della razza non poteva non influire sull'impianto ideologico del fascismo, inerendo appunto il problema molto delicato dello sviluppo del totalitarismo. Verrebbe da osservare che le «vestali» erano tali non perché fattesi amplificatrici e portavoci della campagna razziale; bensì perché non avevano colto le dinamiche politiche che l'antisemitismo di Stato aveva innescato nel regime.

La specificità del «razzismo spirituale» di Evola non la individueremmo né nella dignità culturale che contrassegnò le sue critiche al razzismo nazista, e neanche nelle polemiche con i «razzisti biologici» italiani, essendo il «razzismo spirituale» certamente una «formula ambigua e in sé contraddittoria»[14]. L'interpretazione evoliana del razzismo quale superamento dell'universalismo di matrice illuministica e giudaico-cristiana la si ritrova, ad esempio, anche in Maggiore – specialmente quando quest'ultimo osservava che «la razza è un'idea antidemocratica. Perciò stesso la democrazia, con tutte le sue varie sfumature, è la prima a dichiararle guerra»[15] –, e persino in un autore mediocre sotto l'aspetto teorico come Franzì il quale, nel celebrare il razzismo nazista, aveva sostenuto che esso «reagisce alla valorizzazione di qualsiasi tendenza universalistica unitaria, sostenendo che l'umanità, astratta finzione, è concretamente differenziata: e queste sue differenziazioni corrispondono alle razze»[16]. Persino in un Farinacci ritroviamo la convinzione che «non c'è l'uomo in genere: non c'è sulla terra un solo uomo che sia senza nazione, e la nazione a sua volta è la specificazione concreta in cui vive la razza»[17]. Quella di un razzismo quale negazione dell'universalismo illuministico era una convinzione diffusa in tutta la cultura politica fascista, compresa quella non direttamente impegnata sul fronte della propaganda razziale, non foss'altro perché fin dall'inizio il fascismo aveva ambìto porsi come un movimento politico intenzionato a supera-

[14] A. Ventura, *La svolta antiebraica nella storia del fascismo italiano*, in «Nuova Rivista Storica», I, 2001, p. 44.

[15] G. Maggiore, *Razza e fascismo*, Libreria Agape, Palermo 1939, p. 48.

[16] L. Franzì, *Fase attuale del razzismo tedesco*, Istituto Nazionale di Cultura Fascista, Roma 1939, p. 10.

[17] R. Farinacci, *Motivi essenziali della difesa della razza*, Programma Nazionale, Conversazioni per la scuola media, 22 gennaio 1940, ma cit. da A. Monticone, *Il fascismo al microfono. Radio e politica in Italia (1924-1945)*, Studium, Roma 1978, p. 115.

re il 1789: la «Rivoluzione fascista italiana – aveva sostenuto Panunzio alla vigilia dell'introduzione delle leggi razziali – è molto più grande e più complessa della Rivoluzione francese»[18].

Se si vuole cogliere la linea di frattura fra Evola, col suo gruppo di «razzisti spirituali» da un lato e il composito fronte dei «razzisti biologici» dall'altro, essa sarebbe da individuare nell'avere reso bene evidente la consapevolezza che il razzismo e la legislazione razziale fossero una prospettiva politica *in progress* (ricorrendo alle categorie di un Franzì, potremmo definirlo quale «aspetto di dinamicità», piuttosto che «come qualcosa di statico»)[19], la quale investiva i limiti del sistema totalitario edificato dal fascismo. Il razzismo era da collocare all'interno di quella rivoluzione antropologica che avrebbe prodotto l'«uomo nuovo», tante volte evocato dalla propaganda fascista, eppure mai effettivamente realizzatosi storicamente. Mentre gli altri teorici limitavano la costruzione della razza a una dimensione che non sembrava avere implicazioni politiche significative almeno sul piano della costruzione del sistema totalitario, al di là del ricorso a drastiche misure di natura sanitaria[20], per Evola la costruzione della razza era finalizzata alla realizzazione di un più sicuro sistema totalitario. Il «razzismo spirituale» percepiva con notevole lucidità politica quell'obiettivo fondamentale della svolta del 1938, che gli altri teorici del razzismo e dell'antisemitismo forse intuivano, ma che non avevano quasi mai evidenziato in modo esplicito: la razzizzazione della nazione quale fase necessaria e suprema di un totalitarismo ritenuto fino ad allora politicamente incompiuto, soprattutto se confrontato con quello dell'alleato nazista[21].

[18] S. Panunzio, *Teoria generale dello Stato fascista. Appunti di lezioni*, CEDAM, Milano 1937, p. 25.

[19] Franzì, *Fase attuale del razzismo tedesco* cit., p. 10.

[20] «Se qualcuno ci domandasse come si potrebbe realizzare un razzismo positivo nel campo strettamente biologico – scrive Landra in polemica proprio col 'razzismo spirituale' –, risponderemmo che basterebbe stimolare al massimo gli elementi meglio dotati dal punto di vista razziale del nostro popolo, di porre in condizioni favorevoli di sviluppo la grande massa degli elementi medi (i nove decimi circa della popolazione globale) e infine di far diminuire con misure energiche, come la sterilizzazione e la castrazione, fino a farla sparire del tutto, la massa grigia degli elementi tarati e asociali» (G. Landra, *Razzismo biologico e scientismo. Per la scienza e contro i malinconici assertori di un nebuloso razzismo*, in «La Difesa della Razza», 5 novembre 1942, 1, p. 11).

[21] Da ultimo, qualche cenno in tal senso, sia pure non in riferimento alla corrente del «razzismo spirituale», ma all'interno dell'obiettivo della costruzione di un

Come spiegare il problema teorico-politico per cui un'area di intellettuali, da Scaligero a Rossi di Lauriano, per non dire di Evola, la cui cifra caratterizzante era quella di un quadro filosofico e politico-culturale tradizionalista, si faceva portavoce di una domanda di accentuazione del totalitarismo? Il tradizionalismo tradiva l'aporìa di presentarsi quale decantazione verso la domanda di un sistema politico totalitario saldamente radicato nella detestata modernità? Più che un'aporìa, questa cultura proiettava nella scelta totalitaria il momento di rottura soddisfacente, anche se non del tutto completa, con la modernità liberale e la visione dell'uomo a quest'ultima corrispondente. Non è da escludere che questo tradizionalismo, considerato il rigoroso dottrinarismo che lo caratterizzava, interpretasse la prospettiva totalitaria quale rottura antropologica ed epocale ancora insufficiente; e tuttavia, l'avvento di un totalitarismo perfetto diveniva quanto meno una prospettiva storicamente necessaria, perché distruggeva appunto quei supposti residui di modernità liberale, di mediazioni e di compromessi politici e culturali ancora presenti nel regime fascista.

Per Evola, il razzismo costituiva l'occasione per una nuova marcia su Roma, ossia la ripresa di quel progetto di rivoluzione totalitaria che egli giudicava ancora agli inizi, e che invece andava completato, pena una catastrofica sconfitta del regime. Insomma, il razzismo era la chiave che permetteva di realizzare finalmente il *totalitarismo perfetto*: un «uomo nuovo» rinnovato nel corpo, ma soprattutto nello Spirito e nella mentalità con cui si muoveva nel panorama della Storia. Il razzismo avrebbe dovuto essere certo una difesa, dal «negro» o dalla cospirazione dell'ebraismo mondiale; ma, inteso correttamente, esso diveniva l'attacco definitivo all'uomo materialista, umanitario e universalista che, annidatosi nelle pieghe del regime per quasi un ventennio, aveva provveduto a svilirne progressivamente e con sistematicità il potenziale rivoluzionario e totalitario. Il «razzismo spirituale» esibiva sul mercato politico gli ebrei o le popolazioni di colore da razzizzare, per guadagnare il valore d'uso di un'intensificazione del totalitarismo. Ciò che esso rimproverava al «razzismo biologico» era la scissione fra politica razziale e prospet-

sistema totalitario che superasse i limiti e le mediazioni cui fino ad allora era stato costretto il fascismo, in G. Santomassimo, *La terza via fascista. Il mito del corporativismo*, Carocci, Roma 2007, p. 234.

tiva totalitaria, ossia l'inclinazione a pensare che la prima fosse un tassello diverso dal secondo, e non invece l'acceleratore di un processo di natura squisitamente politica, che avrebbe dovuto finalmente realizzare una società totalitaria ancora lontana dall'essersi compiuta.

L'individuazione del partito quale élite razziale muoveva dal riconoscimento che un'effettiva rivoluzione totalitaria da parte del fascismo fosse ancora tutta da realizzare, perché la gran parte degli italiani non rientrava nel nuovo paradigma antropologico disegnato dal progetto dell'«uomo nuovo». In questo senso, Evola invitava alla necessità di «promuovere un'azione non solo negativa, cioè di difesa, ma anche positiva, vale a dire di potenziamento e di selezione interna. [...] Per venire a tanto, occorrerà un metodico, paziente lavoro educativo»[22]. Gli italiani tutti erano stati una «razza ario-romana», ma, avendo smarrito quelle caratteristiche razziali, dovevano ora ridiventare ariani, guidati da un partito costituitosi quale aristocrazia razziale della nazione, e dunque trasformato in un Ordine scelto e ferreamente selezionato, sul modello delle SS.

Probabilmente, nel formulare queste posizioni del «razzismo spirituale», Evola tradiva la consapevolezza che le strutture di un partito elefantiaco stessero cedendo a causa dell'andamento negativo della guerra. E tuttavia, non è difficile intravedere anche la riproposizione della visione del radicalismo politico farinacciano attento a privilegiare il ruolo del partito – naturalmente di un partito rinnovato nelle sue strutture e rinvigorito nella sua capacità di movimento – quale unico strumento decisivo nella costruzione del regime totalitario. Non l'avvento e lo sviluppo del sistema corporativo potevano quindi caratterizzare il sistema totalitario fascista, ma la presenza del partito-razza quale attivo regista di tutto il processo rivoluzionario e totalitario; non era più il partito a ridursi a organo dello Stato fascista, ma era quest'ultimo a declinarsi quale strumento utilizzato dal Partito-Ordine per realizzare il suo disegno di rivoluzione razziale.

Prima di rifondare lo Stato totalitario, eliminando compromessi e mediazioni di natura ideologica ma soprattutto politica, ad avviso di Evola era necessario rifondare il partito, il regista necessario di

[22] Evola, *Indirizzi per una educazione razziale* cit., p. 32.

quel processo politico, restituendolo all'aristocrazia razziale non ancora del tutto riemersa e ricompattata, malgrado quasi vent'anni di regime. Ciò significava anche che la rivoluzione totalitaria razziale si identificava in un gigantesco processo di rievocazione e di riscoperta di un'arianità latente, soffocata da secoli di modernità e di liberalismo. In questo modo, mentre per il «razzismo biologico» il ruolo dello Stato totalitario era demandato alla sussunzione del corpo sotto il controllo dello Stato, Evola recuperava il ruolo attivo dello Stato sotto un altro versante. Per anni la cultura giuridico-politica fascista aveva sostenuto che la differenza fra fascismo e nazismo era modellata lungo la linea divisoria che rivendicava al primo una centralità dello Stato opposta a quel *Bewegung* nazista non immune da inclinazioni socialisteggianti e plebee; per Evola, si trattava di utilizzare a questo punto lo Stato quale strumento in mano al Partito-Ordine per realizzare una rivoluzione per molti aspetti rimasta ancora allo stato di latenza.

La prospettiva era quella di rilanciare il progetto totalitario, restituendo al PNF un protagonismo politico che aveva smarrito negli anni, a vantaggio del primato dello Stato. A fronte di una visione del totalitarismo che identificava nel partito il ruolo di organismo di massa delegato a connettere le masse allo Stato fascista, il «razzismo spirituale» trasformava il partito nell'élite razziale quale motore, e dunque garanzia, del successo del processo totalitario. L'élite razziale, insomma, era tale perché in essa si erano residuate le radici «ario-romane»; ma lo era anche in quanto riusciva a tradurre la propria visione della razza nel progetto politico totalitario. Il che significava, anche, che, siccome ogni razza era latrice di una propria visione della vita, l'élite razziale «ario-romana» non era politicamente neutrale, essendo consapevole di potere realizzare la propria visione della vita solo in un sistema totalitario.

Ben si comprende, allora, perché proprio il «razzismo spirituale» esprimesse un radicalismo politico e una domanda di intensificazione del processo di costruzione del totalitarismo. Per i «razzisti spirituali» era maturato il momento storico di piegare il razzismo in un più generale processo di superamento di quel grumo di mediazioni, di contraddizioni, e talvolta persino di cedimenti, che, ad avviso dei razzisti spirituali, avevano caratterizzato la politica del regime fascista fino al 1938: laddove poco avevano potuto più di un quindicennio di potere e le suggestioni economico-sociali del corporativismo, lì dovevano intervenire il razzismo e l'antisemitismo, valorizzando in particolare il radicalismo politico e la vocazione totalitaria denunciata dalla lotta contro l'ebreizzazione del mondo.

Insomma, se il «razzismo biologico» aveva rivestito una funzione positiva nel registrare le differenze genetiche e di sangue fra le razze, quello «spirituale» rivendicava certamente la necessità di estendere quelle differenze dal Sangue allo Spirito. Tuttavia, questa differenziazione doveva essere finalizzata a sviluppare un sistema totalitario fino ad allora inefficace e imperfetto: quest'obiettivo, laddove nulla aveva potuto, per quasi un ventennio, lo spirito politico e guerriero di coloro che avevano partecipato alla marcia su Roma, sarebbe dovuto essere realizzato dal Partito-Ordine forte del suo spirito di élite razziale, prima che delle leggi sulla razza; sarebbe stato questo Partito-Ordine, razzialmente selezionato e custode dei valori metafisici dello Spirito, a farsi protagonista di un «*nuovo rivolgimento* costruttivamente rivoluzionario»[23].

Non v'è dubbio che dietro queste richieste del «razzismo spirituale» fossero schierati i settori più radicali del regime. A loro modo, queste posizioni intercettavano atteggiamenti e stati d'animo di quei settori del fascismo movimentista che avevano sempre accettato con scetticismo il primato dello Stato sul partito, essendo convinti che la garanzia del successo della «rivoluzione fascista» fosse assicurata proprio dalla presenza vigorosa del partito, e che dunque qualsiasi arresto del processo rivoluzionario presupponesse un partito politicamente depotenziato. La differenza rispetto alle precedenti correnti «rivoluzionarie» del fascismo era che mentre queste ultime, specie nelle articolazioni corporativiste, sindacali ecc., si erano spesso caratterizzate per l'attenzione agli aspetti sociali ed economici della rottura rivoluzionaria, i settori del «razzismo spirituale» sottovalutavano l'attenzione per i contenuti «sociali» del fascismo, subordinandoli a un progetto totalitario contraddistinto da una radicale rivoluzione antropologica.

È altrettanto indubbio, inoltre, che la proposta di Partito-Ordine, quale distillato politico dell'aristocrazia ario-romana, implicava necessariamente una rivoluzione nel modo di essere e di agire del

[23] J. Evola, *Il partito quale ordine e l'idea della Razza*, in «Lo Stato», 1940, gennaio, 1, ma cit. da Id., *Lo Stato (1934-1943)*, a cura di G.F. Lami, Fondazione Julius Evola, Roma 1995, p. 317 (corsivo aggiunto).

PNF, riconoscendo che si trattava di dare vita a quella «rivoluzione nella rivoluzione» di cui si era discusso qualche anno prima, ammettendo che il sistema totalitario era ben lontano dall'essersi realizzato. Il carattere totalitario del partito non era assicurato dal suo obiettivo di restaurare l'autorità statuale: questo era stato il primo obiettivo della «rivoluzione fascista», valido nel 1922, non certo quello di più di un quindicennio dopo; né poteva essere, a movimento fascista penetrato nello Stato, quello di organismo supremo deputato alla progressiva fascistizzazione delle masse (il partito quale «grande titolare dell'educazione nazionale: educazione fisica, intellettuale, artistica, giornalistica, sindacale», come l'aveva definito, alcuni anni prima, il giurista Sergio Panunzio)[24], a meno che la fascistizzazione non avesse coinciso con la riscoperta dell'arianità latente, ma non ancora resasi visibile. Al contrario, era il suo essere condensato ed espressione insieme della razza «ario-romana» a garantire la vocazione rivoluzionaria e totalitaria del partito.

D'altro lato, per fornire un maggiore impulso al processo totalitario si trattava di utilizzare la leva della razza, restituendo al partito il ruolo di motore della rivoluzione. Riconosciuto che gli italiani erano un miscuglio di razze, si rendeva necessario isolare il ceppo arioromano, racchiudendolo nel partito. Così Evola:

che rapporti intercorrono fra Partito e razza? Il Partito rappresenta una *élite* politica di fronte al resto degli italiani, e il gruppo suaccennato [il ceppo ario-romano] rappresenta una *élite* biologica: una interferenza delle due *élites* potrebbe dunque essere positivamente studiata [...]. La forma più naturale di tale interferenza si avrebbe quando alcuni requisiti razziali venissero a figurare tra le condizioni generali per divenire membri del Partito[25].

In un certo senso, proprio il «razzismo spirituale» arrivava a esprimere quel senso di radicalismo politico e di insoddisfazione che, da sempre latente nei settori movimentisti del regime fascista, arrivava ora ad esprimersi non più – e non solo – in una prospettiva di rivoluzione sociale, ma in quella di una rivoluzione razziale: agli

[24] S. Panunzio, *Rivoluzione e Costituzione (problemi costituzionali della Rivoluzione)*, Treves, Milano 1933, p. 180 (ma, a titolo di puro esempio, vedi anche quanto aveva scritto in Id., *Teoria generale dello Stato fascista* cit., p. 46).

[25] Evola, *Il partito quale ordine e l'idea della Razza* cit., p. 317.

occhi dei teorici del «razzismo spirituale», una rivoluzione sociale di natura sindacale e corporativa rischiava di inverare l'aborrito socialismo, ed era quindi destinata a naufragare, qualora non fosse stata subordinata a una visione razzista della rivoluzione fascista.

Col «razzismo spirituale» perveniva a realizzarsi pienamente anche quel processo di nazificazione che abbiamo inteso registrare nel fascismo razzista a partire dalla seconda metà degli anni Trenta. Era una nazificazione che non si limitava tanto ad attenuare le critiche al razzismo nazista, le quali, anzi, permanevano. Nel nazismo questo settore di intellettuali razzisti intravedeva quel totalitarismo perfetto, a suo avviso ancora mancante nell'Italia di Mussolini.

Indici

Indice dei nomi

Indice del volume